같이 있고 싶다가도
혼자 있고 싶어

■ 일러두기

* 인용문은 미주 처리하면서 출처를 밝히되 명백한 맞춤법 적용 대상에 한해서는 교정을 보았습니다. 또한 그 내용은 이 책의 주제와 맥락에 맞는 한도 내에서 사용했습니다.
* 책은『 』, 책 속 소제목은「 」, 언론사, 영화명, 프로그램명은〈 〉, 그 외 기타 사항은 ' '로 표기를 통일하였습니다. 단 미주에는 기사 인용의 경우 " "를 사용했고 그 외의 약물은 최대한 사용을 자제했습니다.

인간관계 때문에 손해 보는 당신을 위한 사회생활 수업

같이 있고 싶다가도 혼자 있고 싶어

정어리(심정우) 지음

동양북스

식물이 광합성 작용을 하지 못하면 죽을 수밖에 없는 것처럼
인간도 사회적 경험을 해보지 못하면 잘 살지 못한다.

_ 본문 중에서

prologue

사회적 거리두기가 오히려 좋은 사람이 있다?

태어나서 지금까지 사회적 거리두기에 익숙한 사람들

여느 때처럼 점심시간에 회사 구내식당에 들어서다 진풍경을 목격했던 날의 기억이 생생하다. 평소 같으면 서로 마주 보며 밥 한 숟갈 먹고 이야기하고 반찬 하나 집어먹고 수다를 떨어야 할 직원들이 죄다 한 방향으로 벽을 보고 앉아서 멍하니 TV를 바라보며 식사하고 있었다. 얼마 뒤 코로나19 확산세가 더욱 심해지자 회사에서는 식당 테이블마다 칸막이를 설치했다. 동료의 눈이 보이던 위치에는 '식사 후에는 바로 마스크를 착용하고 직원 간 대화를 삼가달라'는 안내 문구 스티커가 붙어 있었다. 처음엔 아크릴판을 사이에 두고서 〈가족오락관〉처럼 대화를 시도하던 사람들이 있었지만 점점 조용한 식사 문화에 적응하는 분위기다.

그런데 모두가 이런 변화에 고통스러워하는 이때, 마음 한구석에서는 오히려 이런 생활이 편하기도 하다고 생각하는 사람들이 있다. 침묵이 일상화되고, '나중에 코로나19가 끝나면 보자'는 인사가 미덕이 된 사회 분위기가 오히려 마음 편하다고 생각하는 사람들. 바로 나와 같은 '내향형 인간', MBTI가 'I'로 시작하는 사람들이다.

'마스크를 써서 표정을 가릴 수 있다는 게 오히려 다행이다'라고 한 번쯤 생각해본 내향인들, '회사에서 회의가 사라져서 너무나 행복하다'고 생각하는 내향인들, 심한 경우에는 태어나서 성인이 될 때까지 사회적 거리두기를 해왔던 사람들. 이들은 아마 지금 이 글을 읽으며 조용히 고개를 끄덕이고 있을 것이다.

사회생활이 힘겨운 내향인의 어떤 하루

코로나 바이러스가 없던 신입 사원 시절 어떤 날 점심시간. 조용히 밥만 먹고 있으니 말 좀 하라는 선배의 핀잔이 날아온다. 하지만 내향인 기질을 타고난 나는 아무리 머릿속으로 'Ctrl+F' 키를 누르고 열심히 '대화 주제'를 검색해봐도 딱히 할 말이 떠오르지 않는다. 도무지 무슨 말을 해야 할지 모르겠으니 편하지 않은 상태로 꾸역꾸역 밥을 먹는다. 그렇게 점심을 먹고 사무실로 돌아와 쉬어도 쉰 것 같지 않은 상태에서 다시 오후 일에 매진한다.

한참 일하다 오후 네다섯 시쯤, 그날따라 팀장님이 기분이 좋으신지 간식을 시키라고 하신다. 팀원들이 신이 나서 메뉴를 고른다. 바쁜 업무를 잠시 중단하고 회의실에 모여 문을 닫고 신문지를 깔고… 또다시 테이블에 모여 앉아 분식을 먹으면서 두런두런 이야기를 나눈다. 입담이 좋은 선배가 농담을 던지며 모두의 '웃음 버튼'을 누른다. 왁자지껄 웃는 군중 속에서 안면 근육에 애써 힘을 주는 나는 무언가가 잘못되었다는 사실을 혼자 깨닫는다.

할리우드 고전 SF 호러 영화 〈외계의 침입자〉를 본 적이 있다. 외계 식물의 씨가 비에 섞여 샌프란시스코 땅에 떨어진다. 이 외계 식물은 사람들이 잠든 사이에 그들의 몸을 빼앗고 정신과 기억까지 흉내 낸다. 사람들은 지구를 정복하려는 외계인들로부터 자신을 보호하기 위해 도망치거나 혹은 진짜 속마음을 감추고 그들의 행동을 똑같이 따라 한다. 나는 이 영화를 보면서 묘한 기시감을 느꼈다.

'나는 왜 현실에서도 저렇게 살고 있을까…. 문제가 있는 쪽은 아무리 봐도 나인 것 같은데….'

그래, 결심했어. 외향인으로 사는 거야!

"준비 많이 하셨네요."

대학교 4학년 마지막 학기 때 모 화재보험 회사 임원 면접을 마치고 들은 말이다. 두 명씩 들어가서 치르는 최종 면접이었다. 여기까지는 모든 게 좋았다. "마지막으로 하실 말씀 있으면 한 명씩 해보세요." 그러자 내 옆에 앉아 있던 지원자가 갑자기

벌떡 일어나더니 "태! 권!" 하고 외치며 웅변을 시작했다. 어렸을 때부터 태권도를 배워서 성격이 활발한 편이며 각종 대외활동에서도 무슨 일이든 나서서 하는 외향인의 삶을 살아왔다고 강력하게 어필하고 있었다.

그다음은 내가 답할 차례였다. '대체 뭘 해야 저 사람보다 강렬한 인상을 줄 수 있단 말인가'라고 1초 동안 고민하던 나는 엉거주춤 일어나서 괜히 주먹을 불끈 쥐고 말했다.

"…. 저도 자신 있습니다. 시켜만 주시면 최선을 다하겠습니다!"

면접관의 입가에 옅은 웃음이 번졌다. 결국 나는 그 면접에서 고배를 마셨고, 백수가 된 채 그 어느 때보다 어두운 낯빛으로 부모님과 졸업 사진을 찍었다. 다음 연도 취업 시즌이 될 때까지 자기소개서를 50번 넘게 써야 했던 나는 결심했다. 외향인의 적극적이고 진취적인 성격을 연기하기로. 외향성이 주도하는 분위기의 단체 게임 면접을 '극혐'하지만, 이 한 번의 기회에 밥벌이가 달려 있다고 생각하니 본래 나의 성향이 어떤지는 문제가 아니었다. 생전 처음 본 면접 동기와 아주 자연스럽게 어깨동무하고 의자에 올라가 펄쩍펄쩍 뛰며 면접관한테 점수를 달라고 어필했다. 팀 발표를 하겠다고 떨리는 손을 치켜들면서 목에 핏대를 세웠다. 그 때문이었는지는 알 수 없으나 운 좋게 최종 합격한 나는 벌써 8년차 직장인이 되었다. 면접관으로 들어온 선배의 후일담에 따르면 나의 활발한 모습이 눈에 들어왔다고 한다. 후에 그 선배는 나를 '취업 사기꾼'이라고 불렀다.

내가 어떤 사람인지 알게 되면 인생은 바뀐다

관성의 법칙이 작용하듯이 나의 외향인 코스프레는 그리 오래 가지 못했다. 내향인으로서 처음 사회생활을 하며 사람들과 부대껴야 하는 모든 상황은 어렵고 불편하기만 했다. 나에게 회사란 그저 생존할 만큼의 돈을 받으려고 죽지 못해 다니는 곳이 되었다. '회사 – 집 – 회사 – 집'을 반복하면서도 일이 힘들기보다는 사람이 힘들 때가 더 많았다. 사람 구실을 하며 살고 싶어서 발버둥 치면서 노력한 결과 두세 번의 크고 작은 번아웃이 찾아왔다. 그렇게 한 해 두 해 시행착오를 겪으면서 나의 사회생활도 숨통이 트이기 시작했다. 어느샌가 내가 힘들어하는 이유를 깨달았기 때문이다. 그것은 바로 내가 어떤 사람인지, 뭘 좋아하고 뭘 싫어하는지, 나 스스로에 대한 근본적인 이해가 부족했다는 사실이다.

특히 나 같은 내향인은 '내 성격이 어딘가 잘못된 건 아닐까?' 하고 스스로를 부정적 관점으로 바라보기 쉽다. '사람은 아무래도 싹싹하고 씩씩해야 하며, 큰 목소리로 우렁차게 말하면서 사람들과도 잘 어울려야 한다. 먼저 점심 약속을 제안하기도 하고, 술자리에도 얼굴을 자주 비치고 해야 하는데 나는 그렇지 못하다! 태생적으로 사회생활에 불리하다!'라고 생각한다. 그런데 꼭 그렇지만은 않다. 외향인에게도 단점은 있다. 또 내향인은 내향인만의 독특한 장점이 있다. 심지어 내향인은 소수자도 아니다. 인구 중 절반 이상이 내향인이다. 단지 눈에 잘 띄지 않을 뿐이다. 우리는 자신이 어떤 사람인지 알아야 한다. 자신에 관한 이해가 부족한 사람은 결코 행복에 다다를 수 없다. 단점보다는 자신의 강점에 주목하고 긍정적 인생관을 갖게 되면 정말로 인생이 바뀌는 놀라운 경험을 하게 될 것이다.

인간은 사회적 동물이라는데, 사회생활이 심히 고달픈 사람. 일보다 인간관계가 너무 힘들어 회사를 그만둘까 생각해본 적이 있는 사람. 내향적인 성격을 비관하며 자학해본 적이 있는 사람. 이 책은 이런 사람들을 위한 응원가다. 우리가 타인의 마음을 바꿀 순 없지만, 우리 마음은 스스로 바꿀 수 있다. 이제라도 내 삶의 장르를 바꾸고 싶다면 혼자만의 편안한 공간에 들어가 이 책을 펼쳐보자. 불필요한 소음을 차단한 채 1장부터 읽으면서 오로지 나 자신에 대해서만 생각하는 시간을 가져보자. 내 안의 내향성을 제대로 바라볼 수만 있다면, 당신은 전보다 훨씬 더 스스로를 존중하고 사랑할 수 있을 것이다. 당신이 진심으로 그럴 수 있기를 바란다.

2021년 9월

정어리

차례

2장 내향형 인간의 사회생활

3장 내향인의 장점을 활용하라

4장 성격을 바꾸지 않고도 인생을 바꾸는 방법

| 1장 |

같이 있고 싶다가도 혼자 있고 싶어

혼자 있고 싶은 나,
괜찮은 걸까?

내향인이어도 괜찮을까?

혼자 있고 싶다. 대화는 하면 할수록 지친다. 우르르 모여서 먹는 밥보다는 혼자 먹는 삼각김밥이 마음 편하다. 사람이 싫지는 않은데 모임에 가면 10분도 안 돼 집으로 돌아가 편히 쉬는 모습을 상상한다. 혼자서 집에 가는 길이 더 편하다. 지하철역에서 아는 사람을 만나지 않으려고 괜히 가운데에서 멀리까지 걷는다.

당신도 혹시 이런 생각을 한 적이 있는가? 만약 그렇다면 스스로 너무 내향적이지 않은지 고민해봤을 것이다. 내향성은 장애나 질병이 아니지만 그렇다고 마냥 좋은 이미지도 아니다. "너무 붙임성 있는 성격이라서 고민이야", "우리 애는 성격이 너무 외향적이라 걱정이에요"라고 고민하는 부모는 찾아보기 힘들다. 성격 고민은 대부분 내향인의 몫이다.

"얘가 워낙 내성적이라서…."

어려서부터 자주 듣던 말이다. 나 역시 대화를 주도하기보다는 가만히 이야기를 듣고 생각하는 게 좋았다. 그런데 침묵을 지키고 있다 보면 누군가 말 좀 하라면서 다그친다. 무슨 말을 하려다가도 이렇게 말 좀 하라는 소리를 들으면 말문이 막혀버린다. '말을 해야지, 근데 무슨 말을 해야 할까?'라고 다시 생각에 빠진다. 마음이 가는 대로 행동했을 뿐인데도 사람들 사이에서 어느새 꼬리표가 붙는다. 조용하다, 예민하다, 유약하다, 소심하다, 낯을 가린다 등등…. 이렇게 누군가와 함께 있으면 피곤한 상황이 생기니 아무래도 혼자 있는 게 낫겠다고 생각한다. 내향적인 사람은 생각이 많은 편이다. 행동하기 전에 우선 생각하고 준비하는 시간이 필요하다. 그런데 남들 눈에는 이것이 소극적으로 보인다. 이들은 걱정과 불안이 많고 예민하다. 또한 인간관계가 좁기 때문에 사회적으로 고립될 위험이 있다.

하지만 모든 일에는 명과 암이 있듯이 사람 성격도 마찬가지다. 내향적인 성격 덕에 이들은 매사에 신중하고 꼼꼼해서 뭐든 완성도 있게 해낼 수 있다. 또 소수의 사람들과 깊게 교류하면서 속 깊은 이야기를 나눌 수 있다. 혼자 있는 게 편하다고 해서, 내향적 성격이라고 해서 주눅 들 필요가 전혀 없다는 말이다.

내향성이란 무엇인가?

그렇다면 내향적 성격이 뭔지부터 짚어보자. 내향성은 사람의 성격을 구성하는 여러 가지 특성 중 하나다. '안으로 향한다.' 내향(內向)이라는 말의 의미처럼 사회적 에너지를 발산하지 않고 내적 세계에 저장한다. 혼자 사색하거나 무언가에 골똘히 집중하면서 에너지를 충전한다. 집사와 일정 거리를 두고 식빵 자세를 한 고양이처럼 자기 영역이 확실하다. 사람이 다가오면 뒤로 물러난다. 사람들과 함께 있으면 심신이 급속도로 피곤해진다. 왁자지껄한 소음 속에서, 여러 사람들 사이에서 대화를 지속하는 일에는 젬병이다. 말하기보다는 주로 듣는 쪽이다.

외향인은 사람과 어울리며 에너지를 발산함과 동시에 충전한다. 하지만 내향인은 사회적 상황에 오래 노출되면 비누처럼 녹아서 조그맣게 줄어든다.

> 사람들은 나를 고갈시킨다. 나는 나를 다시 채우기 위해 그들로부터 도망쳐야 한다.(People empty me. I have to get away to refill.)
> – 찰스 부코스키Charles Bukowski, 1998주1

내향성과 외향성이라는 처음 용어를 사용한 사람은 카를 구스타프 융이다. 정신과 의사이자 심리학자인 그는 오늘날 널리 사랑받는 성격 분류 테스트 MBTI의 조상님이다. 융은 1921년에 『심리 유형론』을 펴내고 사람의 성격을 유형별로 분류했다. 융에 따르면 성격은 크게 내향성과 외향성이라는 두 가지 성향으로 나뉜다. 그리고 내향인과 외향인이 세상을 어떻게 인식하고 느끼는지에 따라 다시 네 가지로 나뉜다. 인식을 감각적으로 하는가, 직관적으로 하는가? 사고를 중시하는가, 감정을 중시하는가? 그에 따라 성격유형은 모두 여덟 가지로 나눌 수 있다. 이 유형에 따라 몇 가지 일관된 특성을 보인다는 내용이 요점이다.카를 구스타프 융, 2019주2

당신은 혼자가 아니다

모르는 사람에게도 자신 있게 미소 지으며 말을 거는 외향인은 어디서나 환영받는다. 그러나 사회적 울렁증이 있는 내향인에게 이런 일은 미스터리에 가깝다. 그렇다면 내향인은 바람직한 인간상과는 거리가 먼 이방인인가? 내향성이 일종의 열성 인자라면, 진화의 과정에서 진작에 도태되어 세상에는 외향인만 생존해 있어야 하는 거 아닐까? 그러나 이 세상에는 생각보다 많은 내향인이 존재한다. 이를테면 통계상 미국 인구의 47~55%는 내향적인 성향이다.[CAPT, n.d주3] 절반 정도는 인맥 관리보다 혼자 책 읽는 시간을 더 즐긴다는 뜻이다. 그런데도 세상에 내향인보다는 외향인이 더 많아 보이는 이유는 뭘까?

내향인은 자신과 비슷한 내향인과 우정을 나눈다. 내향인의 인간관계에는 많은 사람이 필요하지 않다. 그렇다면 외향인은 어떨까? 그들 역시 자신과 비슷한 외향인과 더 자주, 많이 어울린다. 이들은 내향인보다는 폭넓은 인맥 네트워크를 갖고 있다. 이 네트워크에 내향인의 수는 줄어들고 외향인의 수는 점점 늘어난다. 이를 네트워크의 외향 편향이라 부른다. 외향인이 실제 인구보다 훨씬 더 많아 보이는 이유가 바로 이것 때문이다.
외향인들끼리 만나서 어울리며 SNS에 사진을 올릴 때, 내향인도 어딘가에서 그들만의 시간을 보내고 있다. 집에 있을 수도 있고 카페에 있거나 서점에서 홀로 책을 구경하고 있을지도 모른다. Daniel C. Feiler et al. 2015 주4

그러므로 스스로 내향인이라고 생각한다면 일단 안심하라. 당신은 혼자가 아니다. 조용하고, 말수가 적지만 차분하고 생각이 깊다는 점. 예민하지만 섬세하다는 점. 이런 특성을 그대로 유지해도, 행복할 수 있다는 것을 이 책을 통해 이야기하려고 한다.

MBTI로 알아보는 8가지 내향성

MBTI의 유래

유튜브, 뉴스 기사, 웹툰까지 MBTI 검사가 대유행이다. 언젠가 카페에서 옆자리 고등학생들이 MBTI를 주제로 나누는 대화를 엿들었다. 자신의 MBTI 유형은 물론 지인들의 성격유형에 대해서도 열변을 토하고 있었다. MBTI가 다시 유행하나 보다 생각했는데 그 정도가 아니었다. 온라인 세상에서, 이제 MBTI는 기본 소양이라 해도 무리가 없어 보였다. 이미 MBTI 유형별로 좋아하는 음악, 공부법, 재테크 방법까지 다양한 콘텐츠가 쏟아지고 있다. 열여섯 가지 유형별 궁합을 외우다시피 하는 MZ 세대들을 보면 정말 굉장하다는 생각이 든다.

◉ SNS에서 쓰이는 MBTI 성격유형별 줄임말.
MZ세대와 대화하려면 알아야 할 게 많다.

유형	ENTJ	ENTP	ENFP	ENFJ	ESTJ	ESFJ	ESTP	ESFP
줄임말	엔티제	엔팁	엔프피	엔프제	엣티제	엣프제	엣팁	엣프피
유형	INTJ	INTP	INFP	INFJ	ISTJ	ISFJ	ISTP	ISFP
줄임말	인티제	인팁	인프피	인프제	잇티제	잇프제	잇팁	잇프피

MBTI를 발명한 사람은 미국의 캐서린 쿡 브릭스와 그녀의 딸 이사벨 브릭스 마이어스다. 농업대학을 수석 졸업한 캐서린과 정치대학을 수석 졸업한 이사벨. 이들은 심리학과 출신은 아니었지만 카를 융의 이론에 깊은 감명을 받은 '덕후'들이었다. 캐서린은 융의 연구를 5년 동안 공부하면서 자신만의 색깔을 더했다. 이후 캐서린은 대중에게 융의 이론을 널리 알리기 위해 잡지에 글을 기고한다. 제목은 "자신을 만나라 ; 성격 그림물감 상자 사용 방법"이었다.Janet Nguyen, 2018주5 주 내용은 독자가 자신의 성격을 직접 알아볼 수 있는 DIY 검사였다.

1926년에 캐서린이 고안한 이 성격 검사는 아날로그 방식이었다. 먼저 융의 이론을 바탕으로 한 성격과 특성을 적은 인덱스카드를 준비한다. 외향적인 성격 여덟 가지에 내향적인 성격 여덟 가지를 더해서 열여섯 개의 카드를 만든다. 카드를 완성한 다음 평평한 테이블에 펼친다. 뒤섞인 카드 중에 자신을 가장 잘 묘사하는 것부터 순서대로 배열한다. 카드의 배열 결과에 따라 자신의 성격유형을 확인한다. 이것이 MBTI의 시초다. 이 간단한 검사는 당시 사회에 큰 반향을 불러일으켰다. 스스로 자아를 발견하고 자신과 인생을 개선할 수 있다는 기대감 때문이었다. MBTI가 I로 시작하는 내향인의 여덟 가지 성격도 이때 기틀이 마련되었다.[Merve Emre, 2019주6]

열여섯 가지 성격유형

MBTI 테스트는 1940년대에 현재의 문항 검사 형식으로 발전했다. 캐서린과 이사벨은 인간의 갈등과 차이를 이해하고 싶어 했다.[송가영, 2020주7] 서로의 다른 점을 알면 세상이 평화로워질 수 있다고 믿었던 걸까? 이들은 사람의 성격을 여덟 가지로 나눈

융의 이론에 두 개 요소를 추가했다. 기존의 외향(E) – 내향(I), 감각(S) – 직관(N), 사고(T) – 감정(F)에 판단(J) – 인식(P)이 더해졌다. 그 결과 모두 열여섯 가지 성격 조합이 탄생했다. MBTI 유형이 ISTJ인 사람을 예로 들어보자. 그는 외향적(E)이기보다는 내향적(I)이다. 직관(N)보다는 감각(S)에 의존한다. 감정(F)보다는 사고(T)를 바탕으로 행동한다. 또한, 감각과 직관보다는 생각과 감정으로 결정하는 판단형(J)이다.

◉ MBTI 성격유형의 의미 Pittenger, David J., 1993 주8 / 폴 D. 티저, 바버라 배런 티저, 2016 주9

– 아래 네 가지 차원은 사람의 행동에 영향을 미치는 선천적인 선호를 의미한다.

차원	내향성과 외향성 – 에너지를 어느 방향으로 사용하는가?		감각형과 직관형 – 정보를 어떤 방식으로 인식하는가?	
	외향성(E)	내향성(I)	감각(S)	직관(N)
의미	Extroversion	Introversion	Sensing	iNtuiton
	주의를 외부로 기울인다. 활력을 외부에서 얻는다. 대인관계가 폭넓을수록 좋다.	주의를 내부로 기울인다. 자신의 내면에 집중한다. 대인관계는 넓기보다는 깊다. 조용하고 차분하다.	자신의 오감과 지각에 의존한다. 경험과 현실을 지향하고 중시한다.	자신의 비객관적이고 무의식적인 지각에 의존한다.

차원	사고형과 감정형 – 어떤 과정을 통해 의사결정을 내리는가?		판단형과 인식형 – 어떤 라이프스타일인가?	
	사고(T)	감정(F)	판단(J)	인식(P)
의미	Thinking	Feeling	Judging	Perceiving
	사실을 바탕으로 논리와 합리적 과정을 거쳐 추론하고 행동을 결정한다.	감정적 반응을 포함한 주관적 과정을 통해 결정한다.	계획과 목표가 뚜렷하고 체계적이다.	계획과 목표는 상황에 따라 바뀔 수 있다. 새로운 정보를 잘 받아들인다.

외향인과 내향인의 차이를 나타내는 E와 I에 주목해보자. 내향형(I)은 외부보다는 자신의 내면에 집중한다. 폭넓은 인간관계보다 깊이 있는 관계를 선호한다. 조용하고 신중하다. 말보다 글로 표현하기를 좋아한다. 외향형(E)은 반대다. 주의력과 에너지의 방향이 바깥을 향한다. 사람들과 어울릴 때 자신을 충전한다. 활발하다. 생각보다는 말하기를 좋아한다. 내향성에 나머지 요소들인 감각 – 직관, 사고 – 감정, 판단 – 인식이 더해지면 경우의 수가 복잡해진다. 어렸을 때 공책에 머리, 눈, 코, 입 등을 여러 개 그리고 조합했던 인형 놀이가 생각난다.

감정을 감추는 내향인과 드러내는 내향인 폴 D. 티저, 바버라 배런 티저, 2016주10

내향인이라면 보통 감정을 겉으로 드러내지 않을 거라 생각한다. 그런데 MBTI 전문가 폴 D. 티저와 바버라 배런 티저에 따르면 모든 내향인이 포커페이스는 아니다. 열여섯 가지 성격유형 중에서 절반은 감정을 안으로 감춘다. 그중에는 E로 시작하는 외향인도 있다. 끝 두 자리가 FP로 끝나는 감정 – 인식형과 TJ로 끝나는 사고 – 판단형이 그런 유형이다. ISFP, INFP, ESFP, ENFP와 ISTJ, INTJ, ESTJ, ENTJ가 감정을 감추는 사람에 해당한다. FP형과 TJ형의 관심사는 타인이 아닌 자신이다. 표정은 무뚝뚝하고 눈이 우수에 젖어 있다. 비록 자신과 친한 이들에게는 의외의 모습을 보여주더라도 겉으로는 냉담한 이미지이다.

그와 반대로 FJ형과 TP형은 인간관계에 적극적이다. 다른 사람에게 관심을 기울일 줄 안다. 특히 영업 사원의 경우 고객이 무엇을 원하는지 파악하는 능력이 뛰어나다. 타인의 눈을 의식하는 편으로 외모에도 관심이 많다. 이들의 얼굴을 보면 긍정적이든 부정적이든 어떤 감정을 느끼는지 드러난다. 여기에 해당하는 성격유형이 ISFJ, INFJ, ESFJ, ENFJ와 ISTP, INTP, ESTP,

ENTP다. FJ형은 타인에게 공감을 잘한다. 의사 표현을 확실하게 한다. 표정으로 감정을 나타낸다. TP형은 객관적이다. 종종 자신의 목적을 달성하기 위해 타인과 좋은 관계를 맺는다. 실익을 중시한다. FJ형과 TP형은 외향적인 면과 내성적인 면이 공존한다는 점이 재미있다.

◉ 감정을 숨기는 내향인과 드러내는 내향인

폴 D. 티저, 바버라 배런 티저, 2016주11

유형	ISTJ	INTJ	INFP	ISFP
선호	내향, 감각, 사고, 판단	내향, 직관, 사고, 판단	내향, 직관, 감정, 인식	내향, 감각, 감정, 인식
의미	책임감 있다. 성실하다. 세심하다. 조용하다. 항상 무언가를 한다. 집중력이 좋다. 자신이 경험하지 않은 건 불신한다.	창의적이다. 기발하다. 직관력이 좋다. 개선점을 잘 찾는다. 호기심이 많다. 현실감각이 약하다.	조용한 사색을 즐긴다. 의미를 중시한다. 조화와 진실을 추구한다. 모르는 사람에게 냉담하지만 친한 사람에겐 다정하다.	개인적이다. 겸손하다. 현실적이다. 관찰력이 좋다. 타인과 잘 지내려 하고 잘 챙긴다. 융통성이 좋다. 쉽게 비관에 빠진다.
	TJ형과 FP형 : 감정을 안으로 감춘다. 무뚝뚝하고 냉담해 보이기도 한다.			

유형	ISTP	INTP	ISFJ	INFJ
선호	내향, 감각, 사고, 인식	내향, 직관, 사고, 인식	내향, 감각, 감정, 판단	내향, 직관, 감정, 판단
의미	실용주의자. 객관적이다. 침착하다. 냉정하다. 사고력이 좋다. 적응을 잘한다. 지적이다. 혼자 있길 좋아한다.	논리적이다. 분석적이다. 독립심이 강하다. 영리하고 자신감이 있다. 권력 지향적이다. 생각이 많다.	신중하다. 소속감을 중시한다. 근면하다. 빈틈없다. 분석력이 좋다. 감수성이 좋다. 불확실성에 약하다.	성실하다. 독창적이다. 온화하다. 조심스럽다. 예민하다. 가끔 현실을 보는 능력이 부족하다.
	TP형과 FJ형 : 감정을 겉으로 드러낸다. FP형과 TJ형에 비해 타인에게 관심이 있다.			

MBTI 검사는 매우 대중적이기 때문에 성격을 유추하기에 유용하다. 이 네 가지 알파벳만 알아내면 대략 상대가 어떤 사람인지 알 수 있다. 그러면 상황에 맞게 미리 대처할 수 있다.

다만, 열여섯 가지 성격유형의 가짓수가 한정적이라 조금 아쉽다. 어차피 약 80억 명에 달하는 전 세계인의 성격유형을 전부 검사할 수도 없다. 해외여행을 갈 때 자주 챙겨 가는 멀티 플러그를 생각해보자. 세계에는 모두 열다섯 가지 모양의 플러그가 있다. MBTI 성격유형은 우리가 사용하는 플러그의 종류보다 한 가지가 더 많다. 확실히 MBTI 검사만으로 나라는 사람을 설명하기에는 조금 부족하지 않은가?

◉ MBTI를 제대로 검사하려면 어디서 해야 하나?

미국 The Myers-Briggs Company와 영국 PSI사를 파트너로 하는 (주)어세스타에서 MBTI 검사를 정식으로 받아볼 수 있다. 검사 결과에 대한 상담도 제공한다.

— (주)어세스타 온라인 심리검사 : www.assesta.com/Service/OnlineExam.asp
— C4U((주)어세스타 부설 심리평가 연구소) MBTI 검사 : www.career4u.net/tester/mbti_intro.asp

MBTI는 성격유형이 아닌 선호 경향을 파악하는 도구로 활용하자

MBTI 검사는 자신이 어떤 상황에 편안함을 느끼는지 선천적인 경향성을 알려주는 도구로만 생각하는 게 좋다. 국내 저작권을 소유한 한국 MBTI 연구소에서도 사람의 성격을 열여섯 가지로만 구분해서 설명하기는 힘들다고 말한다.[이병철, 2020 주12] MBTI의

원류 이론을 정립한 카를 융도 성격유형은 엄격히 구분되지 않는다고 밝혔다.[목정민, 2020주13]

예를 들어 어떤 사람이 낯선 상황을 몹시도 불편해하고, 가까운 사람들과 있을 때에만 편안함을 느낀다고 가정해보자. 이 사람은 내향인 중에서도 은둔 성향을 지닌 유형일 확률이 높다.[도리스 메르틴, 2016] 이렇게 내향적인 성격과 상황에 대한 선호 경향을 참고하는 용도라면 문제가 없다. 'I로 시작하는 유형은 원래 이렇다'는 식으로 자신을 규정할 필요는 없다는 말이다.

정신과 전문의들 역시 MBTI 검사 결과를 맹신하지 말라고 조언한다. 서울대병원 강남센터 정신건강의학과 윤대현 교수는 "사람에게는 한 부류에 엮이고 싶어 하는 '범주화 본능'과 남들과 다르고 싶어 하는 '간극 본능'이 동시에 존재한다"며 "이런 본능 때문에 MBTI 검사가 인기를 끄는 것"이라고 말한다.[전혜영, 2020주14]

그러므로 자신의 성격유형에 나오는 모든 장단점을 전부 자신에게 해당하는 것처럼 생각하지 않아도 된다. 이론은 적당히 참고하면서 스스로에 대해 더 많이 성찰하면서 명상의 시간을 보내면 된다.

내향인의 몸 vs. 외향인의 몸

나는 도대체 왜 이런 성격으로 태어났을까?

똑같은 사람인데 왜 이렇게 성격이 다를까? 나는 왜 이렇게 내향형으로 태어났을까? 나의 내향형은 도대체 어디서 온 걸까? 내향인이라면 이런 고민을 한 번쯤은 해봤을 것이다. 뇌과학을 통해 이를 들여다보면 좀 더 근본적인 이유가 뭔지 알 수 있다.

뇌에는 사람의 체온과 허기, 감정 등을 조절하는 시상하부가 있다. 시상하부는 자율신경계를 통해 몸의 여러 가지 기능을 조절한다. 자율신경계는 다시 교감신경계와 부교감신경계로 나뉜다. 이 둘은 각각 의식적 작용과 무의식적 작용을 담당한다. 외부 자극을 느낄 때 교감신경계는 도파민이라는 물질을 통해 몸을 움직인다. 도파민이 교감신경을 활성화하면 우리 몸은 행동의 동기를 부여하고 자극한다. 그와 반대로 몸을 이완할 필요가 있을 때는 부교감신경계가 아세틸콜린을 분비한다. 그 덕분에 우리 몸은 흥분을 억제하고 차분해질 수 있다. 내향인은 바로 이 부교감신경계가 발달돼 있다. 또 정반대로 외향인은 교감신경계가 발달돼 있다.마티 올슨 래니, 2006주15

이뿐만 아니라 내향인과 외향인은 신경전달물질에 대한 기호가 다르다. 사람마다 육식과 채식에 대한 기호가 다른 것과 같다. 내향인에게는 아세틸콜린이, 외향인에게는 도파민이 보상 물질이다. 이 두 가지 신경전달물질이 만들어질 때 내향인과 외향인의 뇌는 각각 행복하고 충만한 기분을 느낀다. 도파민은 뇌의 측좌핵에 의해 복측피개영역에서 분비된다. 내향인의 뇌는 이 부분의 반응성이 낮으므로 도파민 보상 획득에 덜 적극적이다.대니얼 네틀, 2009주16 그에 비해 아세틸콜린은 뇌의 중추신경계에서 분비된다. 뇌의 보상 경로가 다른 만큼 도파민과 아세틸콜린은 얻는 방법도 다르다.

내향인에게는 아세틸콜린 외향인에게는 도파민

아세틸콜린은 내향인을 '릴렉스'하게 만들어준다. 마음을 차분하고 편안하게 해준다. 혼자 있는 시간을 보내며 자신에게 집중할 때 내향인의 뇌는 아세틸콜린을 분비한다. 조용한 카페에서 잔잔한 음악을 듣거나 이어폰으로 ASMR을 들을 때도 마찬가지다. 자기 내면을 들여다보는 활동을 통해서도 아세틸콜린이 분비된다. 그에 반해 도파민은 내향인에게는 보상 물질이 되지 못한다. 오히려 민감도가 높다. 이를테면 술이 약한 사람이 한 잔만 마셔도 얼굴이 빨개지는 이치와 비슷하다. 새로운 경험과 자극 등 도파민을 분비하는 행동은 내향인을 지치게 한다. 이런 원리 때문에 내향인은 충전의 시간을 많이 가져야 한다.

도파민은 외향인에게 행복과 쾌락을 느끼게 해주는 신경전달물질이다. 외향인은 수많은 활동 즉 잡담, 파티, 사교 모임, 울려대는 음악, 이성, 맛있는 케이크, 섹스 등등을 통해 도파민을 얻고 에너지를 충전한다. 도파민이 주는 쾌락이 달콤하므로 한번 맛보면 추가 보상을 위해 계속해서 같은 활동을 반복하게 된다. 내향인에게 도파민이 보상 물질이 못 되듯이 아세틸콜린은 외향인에게 보상 물질이 되지 못한다. 이것을 잘 알지 못하면 마치 이솝우화에 나오는 여우와 두루미처럼 서로에게 맞지 않은 배려를 하면서 괴로워할 수도 있다.

◉ 아세틸콜린을 얻을 수 있는 활동

— 혼자 있는 시간, 친한 사람과의 소모임, 차분하고 정적인 음악(분위기), 침묵, 사색, 독서, 산책, 느린 삶

◉ 도파민을 얻을 수 있는 활동

— 사회생활, 대규모 파티, 소셜 모임, 섹스, 록음악, 음식, 연애, 새로운 것, 여행, 스포츠, 바쁜 활동

내향인과 외향인을 다르게 하는 D4DR 유전자

내향인과 외향인은 유전자 구조도 다르다. D4DR이라는 이름의 유전자는 사람의 11번 염색체에 들어 있으며 도파민과 관련이 있다. 미국 메릴랜드주의 국립암연구소에서 일한 딘 해머의 연구에 의하면 D4DR 유전자의 길이가 길수록 도파민에 둔감하고 새로움을 추구한다. 그와 반대로 D4DR 유전자가 짧은

사람은 도파민에 민감하고 새로움에 대한 갈망이 낮다.Hamer D., 1997주17 도파민에 둔감한 사람은 만족할 때까지 도파민을 얻기 위한 행동을 반복한다. 그 반면에 민감도가 높은 사람은 이미 도파민의 양이 충분하므로 자극을 줄이려고 애쓴다. 전자는 외향인에 후자는 내향인에 가깝다. 내향인에게 끝없는 대화와 많은 사람, 연이은 약속은 도파민의 과부하를 부를 수 있다.

내향인과 외향인은 망상활성계가 다르다

미국의 심리학자 피터 홀린스의 연구는 내향인이 외부 자극에 민감한 이유를 뒷받침해준다. 뇌의 망상활성계는 감각 정보를 대뇌에 전달하며 각성과 자극의 정도를 조절한다. 망상활성계가 활동적일수록 대뇌에 전달되는 감각 정보가 많으며 외부 자극에 민감하다. 영국의 심리학자 한스 아이젱크는 연구를 통해 내향인의 피질 각성 수준이 기본적으로 높다는 사실을 밝혀냈다.피터 홀린스, 2018주18 각성 수준이 높을수록 뇌는 바쁘게 일하기 때문에 쉽게 피로해진다. 똑같이 사회 활동을 하더라도 민감한 내향인이 먼저 지치는 이유다. "잠시 쉬었다 하자"며 카페에서 사람들에 둘러싸여 이야기를 해야 하는 상황을 상상해보자. 외향인에게는 휴식이지만 내향인에겐 너무 과한 자극이 될 수 있다.

그와 반대로 외향인의 망상활성계는 활동치가 낮으며 뇌피질의 각성도도 낮다. 캡사이신에 대한 감각이 둔한 사람이 고추를 한 움큼씩 씹어 먹으면서도 맵다고 느끼지 않는 것처럼 외향인에게는 외부 자극이 과하게 느껴지지 않는다. 감각이 마비된 사람이 매운맛에 둔감한 것과 같은 이치다. 이 때문에 외향인은 끊임없이 타인의 칭찬, 직업적 성공, 사교 활동, 이성과의 로맨스를 통해 자극과 흥분을 느끼고 싶어 한다. 사람의 성격은 이렇게 타고난 몸의 기질에 후천적인 환경과 경험이 더해져서 완성된다.[박종석, 2020주19]

'나는 도대체 왜 이렇게 내향적일까?', '왜 노력해도 잘 바뀌지 않을까?' 하고 고민했다면 이런 몸의 메커니즘을 이해해보자. 과학의 눈으로 보면 사람마다 행복해지는 방법이 다를 수 있다는 것을 받아들이게 된다. 또 자신이 왜 쉽게 피로감을 느끼는지, 그럴 때는 어떻게 충전해야 하는지도 터득할 수 있다.

자신의 내향성을 탐구하는 일은 '나 사용설명서'를 꼼꼼하게 읽고 숙지하는 것만큼 중요하다. 물론 사회생활을 하다 보면 외향인의 라이프스타일을 그대로 따라야 할 때도 있다. 하지만 사회적 자극이 너무 강해 몸이 힘들어질 때면 잠시 하던 일을 멈추고 물러나서 자신을 돌보자. 내향성에 나약함이나 반사회성 등의 죄목을 덮어씌우는 대신 자신을 아끼고 다독여주자.

내 안에 숨어 있는 외향성을 찾아라

양향인이란 누구인가?

같은 내향인이라고 전부 다 똑같지는 않다. 겉으로 보기에는 외향인 같은데 알고 보면 내향인인 사람도 있다. 바로 '외향적인 내향인'이다. 이들은 내향적인 성격임에도 사회 활동을 열심히 한다. 하고 싶은 활동이 있으면 혼자서도 얼마든지 한다. 때로는 사람들과 만나서 운동을 하거나 소셜 모임에도 참가한다. 모임에서도 하고 싶은 말이 있으면 적극적으로 표현한다. 내향인이긴 하지만, 침묵을 지키려고 모임에 나가는 건 아니기 때문이다. 또 블로그나 SNS로 소통을 열심히 하는 내향인도 있다. 이들은 직장에서도 '조용하지만 할 말은 다 한다'는 이미지를 갖고 있다. 이런 성향을 지닌 사람을 '양향인'이라고 한다.

'양향인'(Ambivert). 내향인(Introvert)도 외향인(Extrovert)도 아닌 중간을 말한다. 양향성은 카를 융이 내향성을 언급할 때부터 존재했던 개념이다. 서로 다른 기질이나 성격을 유동적으로 오가는 특성을 말한다. 융은 완전한 내향인이나 완전한 외향인은 정신병원에서나 볼 수 있다고 하면서 거의 모든 사람이 양향인이라 말한 바 있다. 이후 학계에서는 한스 아이젱크가 양향성이라는 단어를 처음 사용했다.피터 홀린스, 2018주20 내향인과 외향인 모두 자신의 주 성격과 정반대되는 성격을 조금씩 가지고 있다. 다르게 말하자면 우리 모두가 상황에 따라 내향인이 될 수도, 외향인이 될 수도 있다는 말이다.

내향적인 외향인 또는 외향적인 내향인 중에 당신은 어느 쪽에 더 가까운가? 『Emotional Intelligence 2.0』의 공저자 트래비스 브래드베리는 양향인의 아홉 가지 특징을 제시했다.Travis Bradberry, 2016주21 다음 표에서 해당 사항이 많을수록 양향인에 가깝다는 증거다. 평소 지인들로부터 당신의 성격에 대해 들었던 말을 떠올려보자. 내향적이면서도 외향성의 영역을 넘나들었던 자신의 행동을 떠올려봐도 좋다. 미국의 심리학자 애덤 그랜트는 인구의 절반에서 3분의 2가 양향인이라고 추측한다. 완전한 내향인보다는 양향인이 성공할 기회가 더 많다는 점을 감안하면 다행이라고 할 수 있다. 스스로를 내향인이라고 확고하게 규정하는 것은 자기 성장에 별로 좋지 않기 때문이다. Caroline Beaton, 2017 주22

◉ 양향인의 아홉 가지 특징 Travis Bradberry, 2016

1. 혼자 일하거나 함께 일하거나 개의치 않는다.
2. 사회생활이 불편하지는 않지만, 너무 많은 사람들에 둘러싸이면 싫증이 나고 피곤하다.
3. 주목받는 것은 즐겁다. 하지만 관심이 지속되는 것은 좋지 않다.
4. 주변 사람 중 일부는 나를 조용하다고 생각하지만 어떤 사람들은 내가 사회성이 높다고 생각한다.
5. 휴식 시간이 너무 많으면 지루하다. 그렇다고 항상 움직여야 하는 건 아니다.
6. 다른 사람과의 대화에 몰입하면서도 혼자만의 생각에 깊이 잠길 수 있다.
7. 다른 사람과의 잡담이 불편하지는 않지만 지루하다.
8. 타인을 쉽게 믿을 때도 있지만 때로는 회의적이다.
9. 혼자만의 시간이 너무 길어지면 지루하다. 그렇다고 다른 사람들과 너무 많은 시간을 보내면 기운이 빠진다.

일본 드라마 〈고독한 미식가〉의 주인공 이노가시라 고로를 보면 양향인이 떠오른다. 한국에서도 많은 사랑을 받는 이 드라마의 주인공 '고로'는 독신의 영업인이다. 외국에서 수입한 잡화를 판매한다. 자유롭고 고독한 삶을 추구하는 그는 매장도 없이 고객들을 찾아가 필요한 물건을 소개하고 판매하는 일을 한다. 영업차 외근 간 낯선 동네를 걷다가 갑자기 배가 고파지면 걸음을 멈춘다. 그러고는 평범해 보이지만 맛집인 식당에 들어가 혼자 밥을 먹는다. 고독하게 혼자 식사를 즐기는 그의 모습은 조금 특별하다. 돌아다니며 사람을 만나는 일을 하면서도 혼자 식사하는 모습이나 캐릭터에서 내향적인 면이 드러난다.

내향인, 외향인보다 양향성이 좋은 이유

그런데 생각해보면 대부분의 사람은 양향성을 갖고 있다. 타고난 내향인일지라도 먹고살기 위해 사회생활을 하다 보면 내향성의 동굴에만 머물 수가 없다.

내향적인 구직자가 취업에 성공하기 위해 적극적인 자세로 면접에 임하는 상황이 양향성의 좋은 예다. 운이 나쁘게 자신의 적성과는 달리 영업직을 선택한 내향인이라도 큰 문제가 없다. 우리 대부분은 양향인에 가까우며 실제로도 양향인일 때 판매 실적이 가장 좋았다. 애덤 그랜트의 실험이 이를 증명한다. 외향성을 1부터 7까지 측정했을 때 1부터 4까지는 판매 실적이 증가했다. 한편으로 4부터 7까지는 오히려 실적이 감소하는 결과가 나왔다.Adam M. Grant, 2013 주23

◉ 내향성과 외향성에 따른 판매 실적과 성격 분포

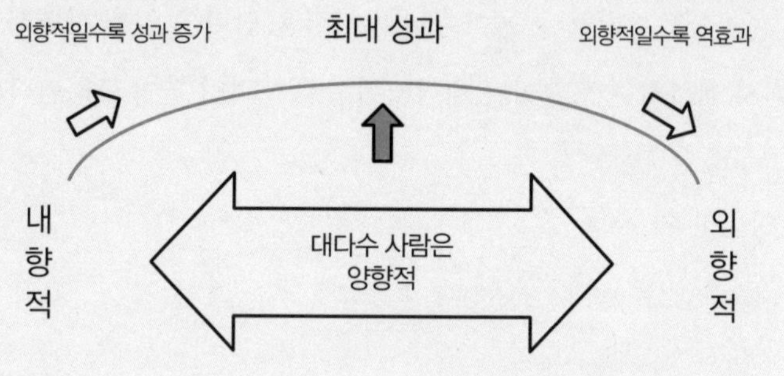

양향인은 내향적인 사람이 어려워하는 대화에도 강점이 있었다. 외향인처럼 고객과 자연스럽게 대화를 나눌 수 있고 적당히 자기주장도 할 줄 안다. 한편으로는 내향인의 장점을 살려서 경청하고 타인의 감정을 이해하는 능력이 뛰어났다. 외향인은 자칫하면 자신감이 지나쳐 상대에게 부담을 줄 수 있지만 양향인은 겸손할 줄 알고 적당한 선에서 물러날 줄도 안다. 이런 특성 때문에 내향인은 영업 사원으로나 직장 동료로 손색이 없다. 또한, 리더의 역할도 훌륭히 수행할 수 있다. 양향성의 단점은 자신의 진정한 성격에 대해 알지 못하기 때문에 겪는 혼란함 정도다. 그러므로 당신이 내향형이라면 내면에 숨겨진 외향성을 발휘해서 양향성의 장점을 활용해보자. 자신의 내면에 집중하면서도 필요한 순간, 숨겨놓았던 외향성을 발휘할 때 원하는 바를 이룰 수 있다. 역으로 외향인도 내향인의 장점을 끄집어내어 사용할 수 있다. 평소에는 에너지를 발산하면서 살다가도 필요한 순간에는 내면에 집중해야 목표를 이룰 수 있기 때문이다. 성격이 내향적이라 고민하는 사람이 전체 인구의 3분의 2나 된다는 것을 떠올려보자. 또한 약 80억 명 인구 중 상당수의 사람이 양향인이라는 것도 떠올려보자. 생각보다 나의 성격은 지구인의 평균에 가까울 가능성이 크다.

그러니 내향인인 내 안에 외향인의 장점이 있는지를 잘 찾아보자. 발견할 수 있다면 필요할 때마다 끄집어내서 사용할 수 있는 히든카드가 될 수 있다.

파티에서 모처럼 마음에 드는 사람을 발견했을 때 평소처럼 말없이 음식과 술만 먹다가 집으로 돌아올 것인가? 아니면 용기 내어 인사를 건네볼 것인가? 조용히 일만 하다 퇴근하는 내향적인 회사원도 마찬가지다. 같은 팀 동료가 없는 성과까지 내세우며 자신을 홍보할 때 가만히 보고만 있을 것인가? 아니면 용기 내서 자신의 성과를 어필할 것인가?

사람은 변한다 vs. 사람은 변하지 않는다

왜 사람들은 자신의 성격이 변했다고 생각할까?

"왜 이렇게 숫기가 없어?" 초등학생 때부터 고등학생 때까지 줄곧 들었던 말이다. 대학교에 입학했더니 조별 과제도 하고 발표까지 해야 했다. '숫기 없는' 나는 떨리는 목소리로 레이저 포인터를 든 손도 덜덜 떨곤 했다. 그 이후 취업 준비생이 되자 석고상처럼 딱딱하게 굳은 자세로 수많은 면접을 봤다. 개미만한 나의 목소리도 먹고살기 위해 어쩔 수 없이 자신감 있게 들리도록 커졌다. 불가피한 상황이 닥치면 내성적인 내가 외향인이라도 되는 걸까? 한 언론사가 한국의 30~60대 남녀 4000여 명에게 20년 전과 비교해 성격이 얼마나 달라졌는지 물었다. 그 결과 응답자의 33%가 자신의 성격이 완전히 달라졌다고 답했다.박돈규, 2020주24

앞선 조사에서 성격이 '완전히 달라졌다'라고 응답한 33% 외에도 '달라진 편'이라고 응답한 사람이 21%였다. 53%나 되는 사람이 자신의 성격이 변했다고 응답한 것이다. 이 조사는 '남이 보는 나'가 아닌 '내가 보는 나'에 대해 응답하는 셀프 리포트였다. 그런데 내가 생각하는 것과 남이 생각하는 것은 다른 법이다. 이 조사 결과와는 다르게 많은 전문가들은 성격은 잘 바뀌지 않는다고 의견을 모았다. 성격은 유전성이 강하기 때문에 거의 바뀌지 않는다는 것이다. 특히 20세가 넘어 형성된 성격은 평생에 걸쳐 이어진다는 의견이 강하다.

그런데 왜 사람들은 자신의 성격이 변했다고 생각할까? 구글에서 '사회생활'로 이미지를 검색해보면 여러 재미있는 이미지들을 찾을 수 있다. 예를 들면 겉으로는 웃고 있는데 속으로는 화가 난 듯 인상을 쓰고 있는 사진이 그것이다. 이런 이미지들은 비록 내향인이라도 사회생활을 하기 위해서, 거래처에 잘 보이기 위해서 밝은 목소리로 미소 짓고 있다는 것을 잘 보여준다. 여기서 미소, 융통성, 타인에 대한 칭찬 등은 자본주의 사회에서 필요한 생존 수단이다. 잠시만 참고 연기하면 인생이 편해지기 때문이다. 하지만 이렇게 사회력을 쌓은 내향인도 지친 몸으로 귀가하면 외향성이라는 가면을 벗는다. 자신의 성격이 달라졌다고 답한 사람들은 '다르게 보이는 법'을 배운 게 아닐까?

타고난 기질을 무시할 수는 없다

내향인은 언제 자신의 성격이 내향적이라는 걸 알게 될까? 어쩌면 친구나 부모님이 말해주기 훨씬 전부터 나의 성격은 이미 정해졌는지도 모른다. 이를 뒷받침해주는 연구 결과가 있다. 타고난 기질에 경험이 더해져 비로소 성격이 완성된다는 것이다. 국내 한 유아교육 전문 기업이 2005년부터 생후 18개월 된 영아 400명의 성장 과정을 5년 동안 연구했다. 이 중 80%의 아이들이 자신의 기질을 그대로 유지했다.[EBS 다큐프라임, 2010 주25] 이런 결과로 유추해보면 18개월 때부터 이미 성격의 근간이 형성된다고 볼 수 있다.

그런데 이보다 더 빠르다는 주장도 있다. 하버드대학 심리학과 제롬 케이건의 1989년 연구를 보자. 그는 생후 16주 된 아기 500명을 데리고 자극에 반응하는 실험을 했다. 눈앞에서 풍선을 터뜨리거나 장난감을 흔들고 알코올 솜을 코에 가져다 대기도 했다. 어떤 아기들은 표정을 찡그리거나 풍선이 터지는 소리에 깜짝 놀라 울음을 터뜨렸다. 한편 어떤 아기들은 신기한 표정으로 장난감을 바라봤다. 풍선이 터져도 놀라지 않았다. 냄새에도 반응이 없었다. 제롬 케이건은 이 무덤덤한 아기들이 느긋하고 자신감 있는 성격으로 자랄 확률이 높다고 예측했다. 눈앞에서 모빌만 흔들어도 소리를 지르던 민감한 아기들은 조용한 10대를 보낼 거라 예상했다. 예측은 모두 맞아떨어졌다.

외향인은 사람을 좋아하고 내향인은 사람을 싫어한다?

외부 자극에 대한 반응성의 높고 낮음은 내향성과 외향성의 차이와 관련이 있다. 이는 아기들이 저마다 민감도가 다른 편도체를 갖고 태어났기 때문이다. 편도체는 뇌에서 감각 정보를 받아들이고 판단한다. 날아오는 공이나 뱀과 같은 외부의 자극이 위험한지 어떤지를 판단한 후 몸에 "피해", "도망쳐", "맞서 싸워" 등의 신호를 보낸다. 편도체가 민감한 아기들은 외부 자극에 '활발하게'가 아니라 '민감하게' 반응한다. 반응도가 높을수록 손과 발에 땀이 나며 동공에 지진이 일어나고 심장박동이 빨라진다. 물론 민감한 사람이 전부 다 내향적인 것은 아니다. 그럼에도 이 실험은 내향성과 외향성이라는 기질 차이를 보여주기 때문에 흥미롭다.

제롬 케이건의 이 실험은 내향인과 외향인에 대한 편견을 뒤집었다. 흔히 외향인은 사회성이 좋고 싹싹하다고 생각한다. 내향인은 그저 사회성이 뒤떨어지고 사람을 불편해하거나 싫어하는 사람이라는 이미지가 있다. 물론 내향인 중에는 인간이라면 진저리를 내는 인간 혐오자가 있을 수 있다. 외향인 중에도 술보다 사람이 좋다는 이유로 모든 술자리에 빠지지 않는 사람이 있을 수 있다. 그러나 이 실험 결과를 보면 내향성과 외향성은 외부 환경에 대한 몸의 민감도로 결정되는 것이지 사람에 대한 호불호 때문이 아니다. 또 이런 기질이 타고난 것임을 알게 되면 자신이 내향적이든 외향적이든 사람에 대한 이해의 폭이 더 넓어진다.

유전자는 힘이 세다

성격에 유전이 미치는 영향을 알아보는 좋은 방법은 쌍둥이를 연구하는 것이다. 각자 다른 정자와 난자가 만나 두 개의 수정란으로 태어난 쌍둥이가 이란성 쌍둥이다. 보통 우리가 아는 둘이 '똑 닮은' 쌍둥이는 일란성이다. 하나의 수정란에서 나온 쌍둥이들은 유전자가 거의 같다. 1980년대부터 지금까지 800명이 넘는 쌍둥이를 연구한 미국 콜로라도대학에 의하면 일란성 쌍둥이는 일반 형제자매에 비해 훨씬 성격이 비슷하다. 미네소타대학 심리학과 토머스 부샤드가 30년이 넘게 쌍둥이를 연구한 결과 역시 의미심장하다. 유아기에 서로 떨어져 평생 서로를 모르고 자란 쌍둥이도 성격이 유사했기 때문이다.EBS 다큐프라임, 2010

이런 연구 결과로 유추할 수 있는 것은 사람의 성격이 잘 변하지 않는다는 사실이다. 그러므로 당신의 성격이 내향적이라고 해서 자학할 필요는 없다. 억지로 사교적인 사람이 되기 위해서 애쓸 필요도 없다. 그렇다면 이미 내향적 기질을 갖고 태어난 사람들은 어떻게 해야 좀 더 나은 삶을 살 수 있을까?

성격 대신 라이프스토리를 바꿔보자

영국의 심리학자 대니얼 네틀은 세 가지 측면에서 사람이 바뀌는 방법을 고찰했다. 그 세 가지는 바로 성격특성, 행동 패턴, 라이프스토리다.대니얼 네틀, 2009[주26] 이 중 성격특성은 앞에서 말했듯이 바꾸기 어렵다. 그런데 나머지 행동 패턴과 라이프스토리는 다르다. 이것은 내가 어떻게 하느냐에 따라 달라질 수 있다. 예를 들어 인간관계가 너무 좁아서 고민이라면 다양한 사람을 만날 필요가 있다. 물론 이때 외향인처럼 활기찬 파티에 가서 노력하라는 말이 아니다. 내향인의 성격에 맞는 정적이고 조용한 분위기의 모임도 얼마든지 있다. 내향적인 성격이라 연애가 고민인 사람이 외향인인 척 연기를 한다고 해서 얼마나 자기다운 매력을 보여줄 수 있겠는가. 두 번째로 라이프스토리를 바꾼다는 것은 세상을 바라보는 프레임을 바꾸는 것과 같은 말이다.

라이프스토리는 주관적인 관점이다. 부정적인 관점과 자아상으로 세상을 바라보면 이미 삶에서 패배한 기분이 든다. 자신이 원하는 인생을 살기 위해서는 '내향인이라 그렇다'는 낡은 관념과 무기력한 생각에서 벗어나야 한다. 내향인이 신경성이 높으면 자신과 스스로 처한 상황을 부정적으로 인식하기 쉽다. 그런 사람에게는 자기 이미지를 극복하려는 꾸준한 노력과 행동요법이 필요하다.

내향적인 기질은 평생에 걸친 우리의 동반자다. 종종 유명인이 언론매체를 통해 '원래 내성적이었으나 어떤 계기가 있어서 외향적인 성격으로 바뀌었다'는 식으로 이야기하는데 섣불리 이를 믿고 따라 하는 것은 스스로를 괴롭히는 일이다. 이는 선천적으로 간이 약한 사람이 과음을 하는 것과 같다. 나의 내향성에 부정적인 꼬리표를 붙이고 없애려 하기보다는 오히려 그 성향을 인정한 채로 행동 패턴과 라이프스토리를 개발하는 편이 낫다.

| 2장 |

내향형 인간의 사회생활

내향인의
스트레스 관리법

내향인은 예민한 '프로 불편러'

내향인은 한 마리의 예민한 고양이를 닮았다. 사소한 자극도 몹시 신경이 쓰인다. 사무실 등 사람이 모이는 곳에는 내향인의 예민한 감각을 자극하는 소음이 가득하다. 볼펜을 딸깍거리는 소리가 신경을 긁는다. 앞자리 후배가 아까부터 와드득 소리를 내며 얼음을 씹어 먹는다. 복도에서 마주친 상사가 인사를 받아주지 않았다. 이유가 뭘까? 온종일 신경이 쓰인다. 사람들의 잡담 소리 때문에 집중력이 흐트러진다. 옆에서 전화를 받던 동료가 기분이 좋지 않은지 투덜거리면 나한테 뭐라고 한 것도 아닌데 마음이 불편하다.

미국의 심리학자 일레인 아론은 다섯 명 중 한 명이 HSP라고 밝혔다. HSP(Highly Sensitive Person)는 '매우 예민한 사람'을 말한다. 그의 연구에 의하면 HSP 중에서도 70%는 내향인이다.[일레인 아론, 2012 주27] 또한, 내향인은 피질 각성 정도가 높다.[Eysenck, 1967 주28] 이 때문에 같은 자극을 받아도 크게 동요한다. 뇌가 항상 깨어 있으므로 쉽게 피곤해진다. 즉, 내향인은 자극에 빠르게 반응하는 뇌를 가진 것도 모자라 선천적으로 예민하다.

예민한 사람은 타인의 헛기침, 잡담, 웃음, 발소리까지 신경 쓸 일도 참 많다. 다른 사람의 별생각 없는 행동도 혼자 분석하며 속을 태운다. 한편으로는 자신이 유난스럽고 속 좁은 사람처럼 보일까 봐 두려워한다. 그러나 이는 대범함과 소심함의 차원이 아닌 자극 민감도의 차이다. 앞서 제롬 케이건의 자극 반응 실험에 참여했던 두 아기를 떠올려보자. 풍선이 터지는 소리에 울음을 터뜨린 아기는 내향적 기질을 타고났다. 성인이 되어서도 레크리에이션 시간에 풍선을 터뜨린다거나 하는 일이 달갑지 않다. 그에 비해 특별한 반응을 보이지 않은 아이는

'본 투 비 외향인'이다. 성인이 된 이후에도 외부 자극에 무덤덤하다.

> 타인에게 이해받지 못해 괴롭다. 말과 글로 알려주지 않으면 남들은 내 기분이 어떤지 모른다.

말수가 적고 조용한 내향인은 기분을 표현하지 않으니 더욱 이렇게 느낀다. 원래도 감정 표현에 인색한 이들은 코로나19로 마스크 착용이 일상화된 이후로 사는 게 더 불편해졌다. 처음에는 오히려 편해졌다고 생각했을지 모르지만 말을 너무 오래 안 하다 보니 인간관계가 더욱 어려워졌기 때문이다. 당신도 혹시 '나만 불편한가?' 하고 궁금해하면서 혼자 끙끙 앓고 있지는 않은가?

만약 이렇게 앓고 있다면 스트레스를 피할 수는 없을 것이다. 예민한 내향인은 스트레스 부자다. 외부의 사소한 자극에도 빠르고 격하게 반응한다. 내향인은 평소에는 조용하고 차분한 성격이다. 주변 사람들은 그의 내면이 어떤지 잘 알 수 없다. 겉보기에 온순한 내향인의 내면은 언제 터질지 모르는 화약고와 같다. 하루하루 축적된 스트레스와 긴장이 계속 쌓이다 보면 언젠가는 몸과 마음에 병이 난다. 스트레스를 묵묵히 견디며 자신을 방치하면 나중에는 되돌리기에 너무 늦을 수 있다. 스트레스 관리에 특별한 비법은 없다. 문제를 마주하고 우선 내가 할 수 있는 것부터 하나씩 행동으로 옮기는 것이 정석이다.

예민함을 극복하는 몇 가지 방법

그렇다면 내향형 인간의 가장 큰 특징인 예민함을 극복하려면 어떻게 해야 할까? 사실 외부 자극의 원인인 타인을 바꾸기란 거의 불가능에 가깝다. 그러므로 나 자신을 바꾸는 데 에너지를 써야 한다. 우선 첫 번째, 잠깐씩이라도 연습을 통해 어떤 일에 집중하는 훈련을 해야 한다.[도리스 메르틴, 2016주29] "싫은 사람 얼굴은 생각하지 마"라는 말을 들으면 오히려 더 그 사람 얼굴이 생각나는 법이다. 그러므로 관심을 다른 쪽으로 돌리자. 차분하게 호흡을 고르자. 키보드를 치고 있는 손끝의 감각을 느껴보자. 지금 의자에 앉아 있는 자세는 편한가? 허리가 굽지는 않았는지 살피며 자세를 고쳐보자. 커다란 투명 벽이 내 주위를 둘러싸서 외부와 차단된 상태라고 상상해보자. 지금 제일 중요한 일 한 가지에만 집중하는 연습을 하면 자연스럽게 다른 데에 신경이 무뎌지게 된다.

두 번째로, 자극을 차단하자. 사무실에는 주의력을 빼앗는 요소들이 가득하다. 듀얼 모니터, 멀티 작업창, 메신저 대화창, 스마트폰의 진동, 전화벨 소리가 우리를 괴롭힌다. 한곳에 주의를 기울이다가도 금방 다른 곳으로 신경이 분산된다. 원시시대에는 이런 주의력 분산 능력이 생존에 도움이 되었지만, 현대에는 우리의 집중력을 갉아먹고 피로하게 만든다. 가능하면 한 번에 한 가지 일만 하고 업무를 단순화하자. 전화와 메신저도 적당한 핑계를 대고 나중으로 미루자. 잠깐 귀마개를 쓰는 것도 좋다. 업무에 집중하고 있으니 방해하지 말라는 신호를 주는 효과도 있다.

세 번째로, 카페인을 줄여보자. 줄이기 힘들면 디카페인으로 바꿔보자. 커피는 한국인의 '체력포션'(게임에서 체력을 채우는 약)이다. 모닝커피로 하루를 시작하고 점심을 먹은 후에 아메리카노를 마신다. 오후 네 시쯤 되면 졸음이 밀려온다. 커피를 한 잔 더 마신다. 커피를 사랑하는 직장인의 흔한 모습이다. 한국인은 1년에 353잔의 커피를 마신다. 이는 세계 평균인 132잔의 3배에 달한다.[박용정, 이정원, 한재진, 2019 주30] 문제는 카페인이다.

미국 존스홉킨스대 의대 연구에 의하면 커피를 과도하게 마실 경우 불안감, 예민함, 수면 장애가 생길 확률이 높아진다고 한다.

카페인이 아드레날린 분비를 촉진하고 수면 유도 물질인 아데노신의 전달을 방해하기 때문이다.Steven E. Meredith, Laura M. Juliano, John R. Hughes, and Roland R. Griffiths. 2013주31

네 번째, '불쌍한 왕따'를 자처하지 말자. 지나치게 예민해지면 부정적인 눈으로 세상을 바라보면서 피해 의식에 사로잡힐 위험이 있다. 그렇게 되면 자신을 둘러싼 환경이 선량한 자신을 괴롭힌다는 착각에 빠진다. 예를 들어 동료들이 모여서 이야기하며 웃고 있다고 치자. 보통 때 같으면 그냥 '재미있는 일이 있나 보다' 하고 넘기면 된다. 그런데 너무 예민해지면 '나는 이렇게 힘든데 저 사람들은 시끄럽게 떠들면서 웃다니 너무하다'라고 생각한다. 혹은 '뭐야. 내 이야기하고 있는 거 아냐'라는 큰 오해를 하기도 한다. 그러므로 본인 스스로 '나는 불쌍한 사람'이라고 생각하고 있지는 않은지 잘 생각해보자. 정 사람들의 대화가 신경 쓰인다면 조용히 자리를 비우고 바깥공기를 마시자. 또 급한 일이 없다면 그냥 그 무리에 끼어 대화에 참여해보면 어떨까? 타인과 거리를 둔 채 스트레스를 받는다고 되는 일은 없다.

다섯 번째, 아주 조그마한 소리나 사건에도 예민해진다면 몸이 너무 피곤한 건 아닌지 돌아보자. 수면 시간이 부족하면 예민해지기 쉽다. 자신의 최적 수면 시간을 파악하라. 몇 시간을 자야 컨디션이 가장 좋은지 체크해보고 항상 그 시간만큼은 지키는 습관을 들이자. 아무리 바빠도 수면 시간을 줄이면서까지 일을 하는 건 자신을 갉아먹는 것과 같다. 부족한 잠은 낮잠으로 보충해도 좋다. 출퇴근길 지하철에서나 점심시간에 잠깐만이라도 눈을 붙여보자. 충분한 수면과 휴식이야말로 자신을 사랑하는 가장 기본적인 방법이다.

여섯 번째, 의도적으로 내 기분이 좋아지게 만들자. 좋은 기분과 행복한 느낌은 마음의 면역력을 높여준다. 하루 중 얼마나 자주 기분이 좋다고 느끼는가? 실제로 유쾌하고 행복한 기분을 느낄수록 스트레스 호르몬인 코르티솔 수치가 낮아지는 효과가 있다.Andrew Steptoe, Jane Wardle, and Michael Marmot, 2005[주32]

그러므로 하루에 한 번 이상은 크게 웃어보자. 물론 회사에 일하러 다니지 놀러 다니는 건 아니다. 하지만 우리가 일을 하는 것도 다 행복하자고 하는 일이 아닐까?

지인과 동료에게 일부러라도 농담을 건네며 한 번 더 웃으려고 노력해보자. 혹은 때때로 웃긴 자료를 보며 딴짓을 하자.

일하다가도 몰래 기분 좋은 상상을 하자. 때마침 코로나19로 재택근무를 할 기회가 늘었다. 스트레스를 받으면서 밀집된 공간에서 일하지 않아도 되는 자유를 한 번쯤 꼭 느껴보자.

마지막 일곱 번째 방법은 '연민의 마음' 갖기다. 가끔 사느라 심신이 지친 사람은 이렇게 말한다. "내가 도대체 전생에 무슨 죄를 지어서 이렇게 고생을 할까…." 하지만 불교 심리학에서도 우리가 괴로운 이유는 전생에 죄가 많아서가 아니라 현실을 제대로 보지 못하기 때문이라고 말한다.

'연민'의 원래 뜻은 세상을 따뜻한 눈으로 바라보는 마음을 말한다.[잭 콘필드, 2020주33]

예를 들어 스트레스를 유발하는 어떤 사람이 있다고 하자. 우리는 친구나 동료에게 그 사람에 대한 뒷담화를 하며 스트레스를 푼다. 그러나 그 사람에 대한 분노는 또 다른 괴로움을 부른다. 실컷 욕을 해도 내 마음이 개운하지 않다. 여전히 화가 쌓여 있기 때문이다. 괴로운 나도, 나를 괴롭게 하는 그 사람도 연민의 눈으로 바라보자. 혐오 대신 연민의 마음을 가질 때 우리 스스로를 구할 수 있다.

'내가 괴로운 만큼 저 사람도 나름의 사정이 있겠지' 하고 따뜻한 눈으로 바라보자.

어떻게 하면 유창한 한국어를 구사할 수 있을까?

말수가 적은 내향인의 심리

내가 신입 사원 때부터 가장 많이 들었던 말은 “정우 씨, 말 좀 해”이다. 머릿속으로 내용을 정리하고 말하는 내향인이라 무슨 말을 하려다가도 일단 말문이 막혀버린다. 이렇게 대화하는 게 부담스럽다 보니 혼자가 편하다. 하지만 평생 이런 식으로 살기에는 뭔가 쓸쓸하다. 일할 때도, 쉴 때도 혼자 에너지를 재충전하는 게 편하고 좋긴 하지만 앞으로도 쭉 이렇게만 산다고 생각하면 마음 한구석이 허전해진다. 친하지 않은 사람들과도 거리낌 없이 웃으며 대화하는 외향인 선배가 부러워진다. 어떻게 하면 유창한 한국어를 구사할 수 있을까? 외국어도 아닌데 도대체 모국어로 말하는 게 왜 이렇게 어려운 걸까? 말수가 적은 내향인의 특징과 이들을 위한 대화법에 대해서 알아보자.

내향인은 피하고 싶어 하는 '은둔형' 성향 탓에 대화가 어렵다. 속으로는 사람들과 어울리고 싶은 마음이 있지만 말을 잘하지 못하기 때문에 인간관계가 두렵다. 더 자세히 파고들자면 타인으로부터 비판받는 상황이 두려운 것이다. 사람들과 분쟁을 겪고 싶지 않기 때문에 자연스럽게 경쟁을 피한다. 그저 익숙한 장소와 익숙한 사람들 속에서 편안함을 느끼고 싶을 뿐이다. 남들이 보기에는 별거 아닌 것도 자신만의 비밀로 삼고 표출하지 않는다. 이렇게 자기를 숨겨야 곤란한 상황도 벌어지지 않기 때문이다.

물론 이렇게 익숙한 사람들이 포진돼 있는 안전지대에만 머물러 있으면 편하다. 상처받을 일도 생기지 않는다. 하지만 이렇게 가만히 있으면 현상 유지하기도 힘든 것이 사실이다. 좋은 일이나 좋은 기회도 항상 새로운 사람을 만나면서 시작되는 것인데 그것 자체를 하지 않으면 점점 인생이 나른해질 수밖에 없다.

새로운 기회, 새로운 인연을 찾기 위해서는 당신의 말 한 마디가 필요하다. "안녕하세요?"라고 먼저 건네는 인사가 어쩌면 인생을 바꾸는 기적의 한 마디가 될 수도 있다. '지금 이대로는 안 돼, 인생을 바꾸고 싶어'라고 결심한 내향인이라면 그 간절함으로 대화의 물꼬를 터보자. 충분한 경험을 쌓아나간다면 어느새 자연스럽게 대화를 이어나가는 사람이 되어 있을 것이다.

대화에 임하기 전, 네 가지 마음가짐

내향인의 대화법에 대해 말하기 전에 우선 마음가짐에 대해 짚고 넘어가고 싶다. 첫 번째는 자기 자신에 대한 긍정적인 이미지를 만드는 것이다. 자아 이미지란 스스로가 믿는 자신의 모습이다. 외과 의사이자 잠재의식 전문가인 맥스웰 몰츠는 말한다. "사람들은 자신에 관한 생각과 믿음을 형상화하고 그것을 진실로 받아들이고 행동한다."맥스웰 몰츠, 매트 퓨리, 2019주34 그러니까 어떤 사람이 '내가 말을 걸면 상대방이 불쾌해할 것이다'라는 믿음을 갖고 있다면, '친해지고 싶지 않은 불쾌한 사람'이 바로 그 사람 스스로 정한 자아 이미지다.

그러므로 다음과 같은 긍정적인 자아 이미지를 만들자.

'나는 누구에게나 말을 걸 수 있다.'

'나는 좋은 사람들을 만나 사귀고 행복한 시간을 보낼 만큼 매력적이다.'

두 번째는 새로운 사람에게 먼저 말 거는 것을 두려워하지 말라는 것이다. 내향인은 깊이 있는 대화를 나누고 싶어 한다. 사소한 말에도 진심이 담겼으면 한다. 그러다 보니 이들은 잡담을 할 줄 모른다. 정확히는 그저 무슨 말이라도 해야 할 것 같으니까 하는 말이 싫다. 소수의 사람들과 친밀한 대화를 나누기에도 시간이 모자라다. "잘 계시죠?", "잘 지내셨어요?" 같은 말에 대답할 생각을 하면 끔찍하다. 그런데 만약 이런 생각에만 빠져 있으면 이미 알고 있는 친구 외에 새로운 친구를 사귀기는 어려워진다. 당신의 친구도 처음에는 말 걸기 두려운 낯선 사람이었다는 걸 기억하자. 모임에서 관심을 독차지하는 인기인이 되고 싶은 것은 아닐 것이다. 단지 일주일에 한 명이라도 새로운 사람에게 말 걸기를 목표로 하고 시작하면 된다. 특별한 대화가 아니라 간단한 인사만으로도 충분하다. 인사를 건넬 대상은 생활 속에서 찾아라. 익숙한 곳에서부터 시작해보는 거다. 경비 어르신이나 택배 기사님에게 "고생 많으세요. 감사합니다…"라고 인사할 수 있다. 서먹한 회사 동료나 선배에게 업무 이야기로 시작해서 개인적인 질문도 해보자. 물론 상대방이 언제든지 나를 거절할 수도 있다는 걸 감안하자. 혹시 9번 거절당하더라도 1번 성공하면 된다고 생각하고 말을 걸면 된다. 그 사람이 대화할 여건이 아닌 것뿐이지 내가 부정당한 게 아니라고 생각하면 된다. 또 이왕이면 내 말을 받아줄 법한 사람이 누군지 잘 선별해서 말을 거는 것도 중요하다.

> 오늘도 아무 일이 없었다. 회사에 출근해서 일만 하고 일 이야기만 나누다가 집으로 돌아간다. 사람들과 별다른 대화도 나누지 않았다. 회사 외에는 인맥도 제로다.

이런 생활이 전부인 인생을 원하는가? 그렇지 않다면 일단 누군가에게 말을 걸어보자. '저 사람과 이야기를 나눠보고 싶다'라는 마음이 생겼다면 그 누구에게라도 시도해볼 수 있다.

세 번째 마음가짐은 대화하는 상대방에게 진심으로 관심을 가지라는 것이다. 내향인들이 대화할 때 자주 듣는 말이 있다. 바로 "영혼이 없다"라는 말이다. 말을 많이 하지 않더라도 좋다. 일단 대화하는 상대방에게 진심으로 관심을 가져봐라. '나는 나름대로 공감도 하고 맞장구도 잘 쳤는데 영혼이 없다니……' 라고 생각하는 사람도 있을 것이다. 이때 영혼 없다는 말을 듣는 근본적인 원인은 진심의 여부다. 어쩌면 당신은 이미 내면의 배터리가 고갈된 상태일지 모른다. 피곤한 나머지 눈앞의 상대에게 진심으로 인간적인 관심이 없어져버린 것이다. 마음속으로는 '어서 집에 가서 혼자 있고 싶다…'라고 생각하고 있지 않은가? 물론 타고난 내향성은 죄가 아니다. 하지만 상대방이 좀비와 대화하고 있는 듯한 기분을 느낀다면 그건 실례다. 그러므로 일단 대화법을 운운하기에 앞서 눈앞의 상대에게 진심으로 관심을 가져보자. 그 사람의 말이 끝난 다음에 내가 무슨 말을 해야 할지에만 집중하고 있으면 표정에서 티가 난다. 대화에서 중요한 것은 내가 능숙하게 답변하는 것이 아니다. 진짜 중요한 것은 상대방의 이야기를 진심으로, 듣는 것이다.

상대의 눈을 보고 말하는 것만으로도 절반은 성공이다

내향인은 기질상 자신을 둘러싼 환경보다는 내면의 세계에 집중하기 바쁘다. 이는 내향인이라는 이름답게 에너지가 내부로 흐르기 때문이다. 그러므로 의식적으로라도 자꾸 외부 세계에 신경을 돌려야 한다. 이것은 결국 관심의 문제다. 타인에 대한 호기심, 교감에 관심이 있어야 가능한 일이기 때문이다.

네 번째 마음가짐은 대화할 때 상대의 눈을 보는 것이다. 내향인은 상대방과 눈이 마주치면 황급히 시선을 피하는 경향이 있는데, 이는 오해를 살 수 있다. 대화할 때 상대의 눈을 보는 것은 인간관계의 기본이다. 사람은 눈을 보며 대화할 때 서로에게 더 강하게 호감을 느낀다. 미국의 심리학자 조앤 켈러만이 72쌍의 낯선 남녀를 대상으로 한 실험에 의하면 2분 동안 서로의 눈을 응시했을 때 더 큰 사랑과 애정을 느꼈다.[Kellerman, J. Lewis, J., & Laird, J. D, 1989 주35] 사랑하는 사이가 아니라면 대화 시간의 60% 정도만 눈을 맞추자. 2초 정도는 미간과 목 등으로 시선을 적절히 배분하자.[장한이, 2018 주36] 눈을 맞추고 이야기할 때 상대에게 당당하고 자신감 있는 이미지를 줄 수 있다. 미소까지 지으면 금상첨화다. 내향인인 당신도 전혀 웃지 않는 사람과 대화하면 괴로울 것이다. 또 자칫 잘못하면 '혹시 나랑 대화하는 게 불쾌한가?' 하는 오해를 사게 만든다. 내가 혹시 상대방에게 그런 사람이 아닌지 점검해보자. 평소 자신이 대화할 때 어떤 표정을 짓고 있는지를 지인들에게 물어봐도 좋다. 대화하면서 입꼬리만 올릴 수 있어도 칭찬받아 마땅하다. 이왕이면 '진심 미소'를 지어보자.

정답은 스몰토크다

스몰토크는 본격적인 대화의 문을 여는 열쇠

그렇다면 이제 어떻게 대화를 해야 하는지 알아보자. 사실 내향인인 당신도 말을 잘할 수 있다. 알고 보면 재미있게 말할 수 있다는 사실을 당신의 지인들도 알고 있다. 안타깝게도 당신의 그런 면을 보여줄 기회가 적었을 뿐이다. 친하지 않은 사람이나 낯선 사람 앞에서는 절대 그런 모습이 나오지 않기 때문이다. '최대한 나의 존재를 숨기다가 집으로 돌아가기'가 삶의 목적이라면 걱정할 일은 없다. 하지만 있든 없든 아무 존재감 없는 사람이 되기 싫다면 '이런 나도 사실은 매력이 있다'라는 걸 알려야 한다. 그러려면 어떻게 해야 할까?

정답은 스몰토크, 즉 잡담이다. 내향인은 일단 말수가 적기 때문에 스몰토크에 능하지 않다. 외국어도 하면 할수록 느는 것처럼 사실 스몰토크도 하면 할수록 늘고 하지 않으면 퇴화된다. 또 스몰토크는 아무 의미 없는 것 같지만 사실 본격적인 대화의 문을 여는 열쇠가 될 수 있다. 그렇다면 어떤 이야기를 해야 할까? 평소 관심사에서 다양한 소재를 찾아서 미리 준비하면 된다.

재미있는 자료를 보면 우리는 종종 모바일 메신저로 친구와 공유한다. 이렇게 가벼운 느낌으로 툭 던져보는 거다. 경제나 시사 이야기로 운을 띄울 수도 있다. 주식, 부동산, 국제 정세 등 소재는 다양하다. 교양 부문의 베스트셀러 책들을 읽으면 어떻게 이야기를 풀어야 사람들이 좋아하는지 알 수 있다. 경제·교양 유튜버들의 스토리텔링을 참고하는 방법도 좋다. 유튜버 슈카월드는 어려운 주제도 쉽고 재미있게 이야기하기로 유명하다. 그는 방송을 위해 신문 기사를 많이 인용한다고 밝힌 바 있다.[이두현, 2019주37] 소스가 다양하고 많을수록 잡담의 소재도 늘어난다.

신중한 자세를 내려놓자

내향인은 생각이 다 정리된 다음에 말하는 경향이 있다. 마치 다 쓴 글의 퇴고를 하듯 적절한 단어를 고르고 또 고른다. 바로 이 점이 반응이 느린 이유다. 물론 신중한 대화는 내향인의 장점이다. 하지만 스몰토크에서는 신중한 자세를 잠시 내려놓자. 그렇다고 억지로 외향인 코스프레를 하라는 건 아니다. 친구와 대화할 때처럼 조금은 편하게 말하는 것으로 충분하다. 대화의 명확한 목표를 세우는 것도 중요하다.

예를 들어 독서 모임에서 나누는 대화라면 '읽은 책에 대해 말하기'라는 표면적인 목적이 있지만 궁극적인 목적은 책이 아니라 사람이다, 책에 대한 의견을 서로 나누면서 상대방을 이해하는 것이 목표라고 생각해보자. 그러면 모임에서 만난 사람들에게 말 걸기가 훨씬 편해진다. 이렇게 목표가 분명하면 회사에서 상사나 선후배 또는 거래처 직원을 대할 때도 한결 마음이 편해진다. 일이라는 뚜렷한 목표가 있기 때문이다. 일상 속에서 가벼운 스몰토크를 할 때도 '친근감을 표현한다'라는 목적을 떠올리자.

스몰토크를 시작하는 다섯 가지 방법

이제 스몰토크를 시작하는 다섯 가지 방법에 대해 알아보자. 앞서도 이야기했지만 일단 첫 번째는 주변을 둘러보며 말 걸고 싶은 사람을 찾는 것이다. 그중에서도 당신의 말을 들어줄 가능성이 높은 사람을 찾아라. 과거의 나처럼 누군가 말을 걸어 주길 바라는 사람도 좋다.

미국의 의사소통 전문가 돈 가버는 이를 '상대로부터 수용성을 찾는다'라고 표현했다.[돈 가버, 2008주38] 만약 상대방이 바쁘거나 대화를 원하지 않는 상황이라면 정중하게 그의 의사를 받아들이고 다른 사람을 찾아라. 눈을 맞추고 부드러운 미소로 먼저 인사하라. 당신이 우호적인 얼굴로 대화하고 싶다는 의사를 밝히는 것이다.

두 번째는 또박또박한 말투로 자신을 소개하는 것이다. 분명하면서도 적당히 큰 목소리가 좋다. 얼버무리거나 웅얼거리는 말투로 이야기하면 이상한 사람으로 보일 수 있다.

세 번째는 대답하기 쉬운 질문을 건네는 것이다. 예를 들면 "이번에 새로 나온 스마트폰인가요? 멋지네요", "옷이 참 잘 어울리시네요, 어디서 사셨어요?"와 같은 것들이다. 조용히 회사

생활을 하는 내게 선배들은 싱겁고 덧없는 말을 건네곤 했다. "셔츠 잘 어울린다. 어디 옷이야?" 같은 말들. 처음에는 중저가 브랜드에서 '1+1'으로 산 옷인데 왜들 그러는지 의아하게 생각했다. 그런데 돌이켜 생각해보면 그때 그 선배들도 잘 모르는 후배에게 어떻게든 말을 걸기 위해 노력했던 것이다.

네 번째는 닫힌 질문과 열린 질문을 적절히 활용하라는 것이다. '예/아니요'로 대답할 수 있는 질문이 닫힌 질문이다. 이와는 달리 자신의 의견을 이야기할 수 있는 것이 열린 질문이다. 예를 들어 "날씨가 좋죠?"라고 물으면 상대방은 "예" 또는 "아니요"라고 대답할 것이다. 문제는 여기서 대화가 끝나버릴 수도 있다는 것이다. 상대방의 호불호를 파악하고 정보를 얻을 때는 단답형 질문을 던져야 하지만 그 외에는 열린 질문을 던지는 게 좋다. "날씨가 좋네요. 주말에도 이렇게 좋을까요?"라고 물으면 상대방에게 공을 넘기면서 주말을 주제로 계속 대화를 이어나갈 수 있다.

다섯 번째는 거리낌 없이 자신을 드러내도 된다는 것이다. 사생활을 중요시하는 내향인은 자기 이야기는 아끼는 경향이 있다. 하지만 자신을 숨기고 상대방에게 질문만 던진다고 해서 대화를 잘하는 건 아니다. 일방적인 질문과 대답만 지루하게 계속되면 대답하는 사람도 부담스러워진다. 서로의 정보 교환 비율은 적절해야 좋다. 질문에 대한 답을 들었으면 자연스럽게 자신의 생각도 드러내는 게 좋다. 주말에 무슨 일을 하며 시간을 보냈냐고 물었다면 당신이 주말에 뭘 했는지도 이야기해라. 그래야 상대방도 당신의 취향을 알고 대화를 이어나갈 소재가 생긴다.

닫힌 질문을 잘못 사용하면 상대방의 말문이 막힐 수 있다. 다음 예문을 통해 나쁜 질문의 예를 알아보자.

◉ **투머치토커도 입을 다물게 만드는 닫힌 질문의 예**

- 주말 잘 보냈어요?(또는 주말에 잘 쉬셨어요?)

  → 이런 질문을 받으면 솔직히 "예 / 아니요"라고밖에 더하겠는가? 이 질문에는 아무리 궁리해도 "예, 잘 보냈어요" 말고는 뭐라고 답해야 할지 알 수 없다. 주말이 별로였다고 하더라도 푸념을 늘어놓을 수는 없다. 그러므로 계속 대화를 이어가고 싶다면 이런 질문은 하지 말자.

- 고생 많으시죠?

  → 이 질문 역시 "아닙니다" 외에는 딱히 뭐라고 대답해야 할지 떠오르지 않는다. "예 요즘 정말 괴롭습니다. 사실은…"이라며 속내를 허심탄회하게 털어놓길 기대하는 것 같지도 않다. 주로 상사들이 이런 질문을 한다. 나는 이 질문을 받고 대화를

두 마디 이상 이어간 적이 없다.

- 피아노 배우는 거 재미있어요?(취미 관련)

→ 대답하는 사람이 성인이라면 대부분은 그 취미가 좋아서 돈을 내고 배우고 있을 것이다. 너무 당연한 질문인 것이다. 열린 질문을 이어서 던지지 않는다면 답은 "네"로 끝날 수밖에 없다.

앞서도 밝혔듯이 단답형을 부르는 질문이 꼭 나쁘다는 게 아니다. 닫힌 질문이 전부라면 곤란하다는 말이다. 닫힌 질문을 하더라도 이어달리기를 하듯 곧바로 열린 질문을 덧붙이는 게 좋다.

- 주말에 뭐 하셨어요? / ○○하셨어요?

→ 이렇게 뒤에 구체적인 활동을 덧붙인다. 가까운 사이가 아니라면 조금 부담스러울 수 있지만 상대방의 관심사를 파악할 수 있다. 빈칸 안에 상대의 취미를 넣어서 대화를 유도하면 가장 좋다.

- 요즘 가장 힘든 게 뭐예요? / 지난번에 그 일은 어떻게 되어가고 있나요?

→ '요즘 힘든 거 있느냐', '힘든 게 뭐냐'라고 물으면 '없다 / 괜찮다'라고 대답하기 십상이다. 그럭저럭 잘 살고 있지만 특별히 힘든 게 있다면 뭘까 하고 스스로 생각하게 만드는 것이다. 또는 상대가 하던 일이 어떻게 되고 있는지 묻는 것도 좋다. 그냥 예의상 하는 말에 비해 상대에 대해서 많은 걸 알 수 있게 해준다.

- 피아노를 배워서 연주해보고 싶은 곡이 있으세요? / 무슨 곡을 연습 중이세요?

  → 상대가 피아노를 배우고 있다면 당연히 좋아서 하고 있는 것이다. 중요한 건 상대의 취향을 알아보는 것이다. 어떤 곡을 연주하고 싶은지, 들려주고 싶은 사람이 있는지 등을 질문하는 것도 좋다. 개인적인 면을 파악할 수 있는 대화로 발전할 가능성이 크다.

영어 회화를 공부하듯이 표현을 그대로 외워서 말할 필요는 없다. 닫힌 질문과 열린 질문이 뭔지를 잘 이해하고 자신만의 방식으로 대화에 활용하면 된다. 열린 질문만 골라서 던져봤는데 닫힌 대답이 돌아온다면 어떡할까? 안타깝지만 당신과는 별로 이야기하고 싶지 않다는 뜻이다. 시간은 소중하다. 그 사람은 깔끔하게 포기하고 당신과 대화하길 좋아하는 사람을 찾아서 다가가보자.

스몰토크를 풍부하게 만드는 네 가지

스몰토크를 풍부하게 만드는 첫 번째는 언어적 피드백이다. 미국의 스몰토크 전문가 데브라 파인은 이런 말을 했다. "짧은 대꾸를 통해 당신이 상대방의 말에 집중하고 있음을 알릴 수 있다." 데브라 파인, 2020주39 즉 상대방과 계속 이야기하고 싶다면 반응을 보이라는 것이다. 그냥 가만히 듣고만 있는 것은 좋은 태도가 아니다.

예를 들면 아래의 언어적 신호들을 상대에게 보내면서 적극적으로 듣고 있다는 것을 표현해보자. 침묵하는 것보다는 훨씬 더 흥미진진한 대화를 이끌어낼 수 있다. 외워서 활용하기보다는 자신만의 느낌으로 소화해보자.

◉ (어쩌면 아주 당연하지만 의외로 놓치기 쉬운)
맞장구치는 언어적 신호의 예

- 정말요? / 진짜요?
  → 대부분의 한국인에게 친숙한 언어적 신호로 관심을 표현한다. 쿠션어라고도 한다.
- 그렇군요. / 그렇죠. / 맞아요.
  → 단순한 동의를 나타낸다. 암묵적 동의보다는 말로 표현하라.
- 정말 고생하셨겠어요.
  → 고충을 이야기할 때 상대방이 이런 말을 해주면서 공감해주면 위로받은 느낌이 들면서 힘이 난다.
- 그러니까 ~라는 말씀이죠? / ~한 감정이신 거죠? / 어떤 의견이신지 잘 모르겠어요.
  → 상대방의 입장이나 의견을 명확하게 알고 싶을 때 부드럽게 물어볼 수 있다.

- 그게 어떤 의미가 있는 거예요?
  → 상대방의 의견을 자세히 알고 싶을 때 사용한다.
- 그래서 어떻게 됐어요? / 뭐라고 하셨어요?
  → 상대의 이야기를 더 듣고 싶다는 느낌이 들게 만든다.

이 밖에도 다양한 언어적 신호로 상대에게 자신이 흥미롭게 듣고 있다는 것을 알릴 수 있다. 중요한 것은 자신에게 맞는 스타일로 응용해보는 것이다.

두 번째는 칭찬이다. "괜찮은 의견이네요", "아이디어가 좋으시네요", "어떻게 이런 생각을 하셨어요?" 같은 말로 적절한 타이밍에 상대방을 칭찬하자. 이때 중요한 것은 진심이어야 한다는 거다. "아무리 생각해도 칭찬할 게 없는데요"라고 할지도 모르겠다. 만약 그렇다면 눈에 보이는 것부터 찾으면 된다. 상대방의 액세서리나 옷, 신발 같은 아이템이 마음에 든다면 그 사람의 코디 센스와 안목을 칭찬하는 것부터 해보자. 또 상대방의 행동을 구체적으로 칭찬하는 방법도 좋다. 예를 들어 단순히 "운동을 열심히 하시네요"보다는 앞에 이유를 붙여서 칭찬하는 것이다. "회사 다니면서 집안일까지 하시느라 피곤하실 텐데, 운동까지 하시다니 대단하시네요"라는 식으로 말해보는 것이다.

세 번째, 로봇처럼 이야기하지 말자. 사람이 아니라 AI처럼 대답하면 결국에 내 곁에 사람이 남지 않는다는 것을 알아야 한다. 인간미를 드러내는 방법은 여러 가지가 있다. 먼저 어조다. 기계음처럼 같은 높이의 음으로만 단조롭게 답하기보다는 높낮이가 있는 다채로운 높이의 음으로 말한다. 그다음은 표정이다. 얼굴 근육도 자주 쓰지 않으면 굳는다. 무표정한 얼굴은 상대방에게 오해를 불러일으킬 수 있다. 마지막은 보디랭귀지다. 집에서 거울을 보며 자신이 평소 말하는 모습을 점검해보자. 풍부한 표정으로 다양하게 감탄사를 외치면서 리액션해보자.

네 번째는 허당미다. 사람은 본능적으로 너무 완벽하고 빈틈없는 사람에게는 호감을 못 느낀다. 약간의 빈틈이나 실수를 고백하고 창피한 감정을 나누면 당신에 대한 호감도는 급상승할 것이다.

나 자신에게 자신감을 선물하라

실패했다면 다시 도전해보자

내향인 중에는 자신감 부족 때문에 괴로워하는 사람들이 많다. 그렇다면 이 자신감을 어떻게 해야 충전할 수 있을까. 자신감은 운동처럼 트레이닝을 받거나 이미지 컨설팅을 받는다고 해서 길러지는 게 아니다. 또 성격을 외향적으로 바꾼다고 해서 없던 자신감이 갑자기 생겨나는 것도 아니다. 이것은 성격의 문제라기보다는 본질적으로 실력의 문제이기 때문이다. 실력 있는 사람은 '내가 감히 이걸 할 수 있을까?'라는 걱정은 하지 않는다. 하지만 자신감이 부족한 사람은 기본적으로 자신의 능력에 의구심을 갖고 있다. 스스로 생각해도 실력이 부족하다는 사실을 잘 알고 있기 때문이다.

만약 스스로 자신의 현재 모습이 마음에 들지 않는다면 자신을 분명하게 바라봐야 한다. 인생 그래프에서 당신은 현재 어느 지점에 와 있는가? 최대한 객관적으로 나의 성격, 외모, 직장 생활, 평일과 주말 일과, 인간관계, 재정 상황 등을 점검해보자. 어떤 점이 마음에 들고 어떤 점이 불만족스러운가? 미국의 경영 컨설턴트 브라이언 트레이시는 말했다. 인생에서 일어나는 모든 일이 100% 자기 책임이라는 것을 알게 될 때 사람은 진짜 성숙해진다고.브라이언 트레이시, 2019주40 그러므로 일단 성숙한 어른의 자세로 나 자신의 현실을 인정하는 것부터 시작해야 한다.

그러고 나서 해야 할 일은 자신에게 가장 적합한 분야를 찾는 것이다. 사람들이 공통적으로 말하는 성공 비법은 너무나 단순하다. 자신이 가장 잘할 수 있는 분야를 찾아서 시간과 노력을 투입해서 최선을 다하는 것. 사실은 그것이 전부일지도 모른다. 대부분의 사람들은 모험을 시도하지도 않거나 아니면 어느 순간 도전을 멈춘다. 약간의 실패를 맛보고 나서 너무 쉽게 포기하고 결국 자신감을 잃는다.

실패했다면 다시 도전해보자. 성공한 사람은 다른 사람보다 운이 좋았던 게 아니다. 더 많이 실패했기 때문에 성공했다. 유명 유튜버 신사임당은 성공하기 위해 더 많이, 빨리 실패하라고 조언한다. 주사위를 많이 던질수록 우연이 필연에 가까워진다는 것이다.[주언규, 2020주41] 현재 그의 유튜브 채널도 5번의 실패 끝에 대성할 수 있었다. 성공한 사람들의 실패론에 귀를 기울이자. 많이 틀려봐야 문제를 확실히 맞힐 수 있다. 평범한 사람이 실패하는 것은 어쩌면 너무나 당연한 일이다. 실패를 딛고 다시 일어서는 것이야말로 비범함이다.

내면의 부정적 메시지를 이겨내라

그런데 실패해도 성공할 때까지 계속 도전하는 것이 말이 쉽지 아무나 할 수 있는 것은 아니다. 우리를 둘러싼 환경들이 그렇게 긍정적이지만은 않기 때문에 더하다. 2000년대 인터넷에서 크게 유행한 밈(meme)이 있다. 인디밴드 '타바코쥬스'의 보컬 권기욱이 "우린 안 될 거야 아마"라고 한 다큐멘터리에서 말하는 장면이다. 만화 『슬램덩크』 명장면을 패러디한 "포기하면 편해… 하지 마…"라는 짤도 크게 유행했다. 사람들은 이런 비관주의, 허무주의 정서에 열렬하게 공감한다. "내가 무슨 부귀영화를 누리려고 이러나"라는 말도 마찬가지다. 이런 말들에 둘러싸이면 더 이상 노력하지 않고 당장 드러눕고 싶어진다. 비관주의의 유혹은 너무나 달콤하기 때문에 어느새 우리는 그 열매를 따먹고 만다. 그러나 자신감은 비관주의와 포기를 통해 얻을 수 없다. 그러므로 자신감을 갖고 싶다면 부정적 메시지를 극복하는 방법을 터득해야 한다. 자꾸 부정적인 메시지가 마음속에 떠오를 때는 그 근거를 하나씩 하나씩 떠올려서 노트에 기록해보자. 내면의 부정적 메시지는 지적인 사고가 아닌 감정에서 비롯된다.제라드 마크롱, 2010주42

예를 들어 '나는 매력적인 이성을 사귈 수 없다'라는 부정적인 생각이 든다면 그 이유는 뭘까? 세상에 모든 매력적인 이성이 당신과는 사귈 수 없다고 통보한 것도 아니지 않은가? 단지 매력적인 이성을 생각하면 왠지 자신감이 없고 우울한 감정이 드는 거 아닌가? 이런 부정적 생각은 그냥 감정일 뿐 사실이 아니다.

이것을 인지했다면 그다음에는 자신만의 긍정적인 메시지

를 만들어라. 내성적인 사람은 자신의 장점이 뭔지도 모른 채 단점만 크게 생각하는 습관이 있다. 작가 미카엘라 청은 긍정적인 방향으로 마음을 바꾸는 훈련을 추천한다.미카엘라 청, 2018주43 자신이 자랑스러운 점, 성공 경험을 메시지로 만들어서 반복해서 스스로에게 들려주자. 예컨대 당신이 부서 이동을 앞두고 자신감이 떨어진다면 바로 전에 하던 일을 떠올리며 스스로에게 이렇게 말해보는 거다.

"지금 하는 일도 몇 년 전에는 처음 하는 일이었지만 충분히 잘 해냈잖아. 나는 어떻게든 방법을 찾을 거야."

절대 배신하지 않는 사람은 바로 나다

자신감이 부족한 사람과 충만한 사람의 가장 큰 차이는 뭘까? 그것은 바로 자기 수용이다.탄원페이, 2020주44 자신감이 부족한 사람은 현실과 이상의 괴리를 크게 느낀다. 당장 지금 마음에 들지 않는 자신의 모습을 원망한다. 그 반면에 자신감이 충만한 사람은 자신의 장단점을 모두 스스로의 일부로 인정하고 받아들인다. 두려움 때문에 낯선 사람에게 말 걸기가 어렵다면 그 사실을 인정하는 게 시작이다. '나는 왜 이렇게 낯을 가리고 마음에 드는 사람에게 말도 못 걸까?' 등의 원망은 자신을 파괴할 뿐이다.

모두가 나를 좋아할 수 없다는 사실을 그냥 받아들여라. 내향적인 사람 중에는 과할 정도로 상대방에게 잘해주고 나서 상처받는 사람들이 많다. 상대방에게 준 만큼 돌려받지 못하기 때문이다. 하지만 이런 일은 흔하다. 원래 인간관계가 항상 기브 앤드 테이크는 아니다. 나를 좋아하는 사람이 있는 반면 싫어하는 사람도 있을 수 있다. 그리고 이것은 전적으로 당신의 잘못이 아니다. 절대 배신하지 않는 내 편은 나 자신이다. 그러므로 내가 스스로를 항상 든든하게 응원해주면 된다.

부모나 상사에게 보여주기 위해서 살지 마라. 나 자신을 평가하는 기준은 내 안에 있어야 한다. "너는 실패한 인생이다", "이 정도면 너는 성공한 인생이다"라는 타인의 기준에 굴복하면 안 된다. 물론 타인의 격려, 칭찬, 사회적 인정은 자신감을 길러준다. 그러나 진정한 자신감은 자신이 원하는 분야의 일을 하고 성공했을 때 충만하게 채울 수 있다. 마음을 단단히 먹고 자기 자신이 원하는 삶을 살자.

마지막으로 내 자신감을 깎아내리는 주변 사람을 조심하자.

"그게 되겠어?"라는 한 마디에 자신감과 의욕의 싹이 꺾여버린다. 나의 소중한 에너지를 갉아먹는 '에너지 뱀파이어'가 주변에 있다면 피하는 게 상책이다. 좋은 사람과 좋은 말만 나누기에도 인생은 아깝다.

생각을 멈추고 일단 저질러봐

지금 당장 행동하는 방법 세 가지

생각이 많고 행동이 빠르지 못한 내향인은 일을 빨리 끝내기가 어렵다. 또 뭔가를 시작하기 전에 '어떻게 시작하는 게 좋을지'부터 고민하기 때문에 새로운 걸 시작하기도 쉽지 않다. 그러나 잠을 줄이고 고민한다 한들 아침은 찾아온다. 복잡한 생각은 그만하고 당장 행동으로 옮겨야 한다.

지금 당장 행동하는 첫 번째 방법은 먼저 하고 나서 고민하라는 것이다. 만약 세 가지 각기 다른 고민이 있다면 그중에 하나라도 실행해라. 바로 고민이 두 가지로 줄어들 것이다. 내향인은 '돌다리도 두들겨보고 건너라'는 속담이 필요 없을 만큼 생각 부자다. 오히려 필요 이상으로 돌다리를 두드리면서 다리가 무너질 걱정을 하고 있다. 그러나 걱정을 많이 한다고 해서 해결되는 건 없다. 그저 제자리를 맴돌 뿐이다. 그러므로 뭔가를 해야 할 때 고민은 1절만 하고 쉬운 일부터 당장 실행하자.

두 번째, 목표를 작은 단위로 나눠라. 이 말은 욕심을 버리라는 말과도 같다. 도서관에 갈 때는 항상 공부할 수 있는 양보다 많은 양의 책을 가방에 넣는다. 그중에 제대로 소화하는 책은 한두 권 정도다. 다음 날 가방을 쌀 때도 그 사실을 알고 있지만 같은 일이 반복된다. 또다시 이 책도 넣고 저 책도 집어넣다 보니 두 어깨가 결린다. 그러므로 당장 내가 소화할 수 있는 목표를 정해서 성취하는 것을 1차 목표로 삼자. 목표가 작아진 만큼 부담도 덜하고 행동할 가능성도 커진다.

세 번째, 완벽주의는 게임에서나 추구해라. 현실에서는 게임처럼 치트키를 쓸 수 없다. 처음부터 완벽한 무기를 다 갖춘 사람은 없다. 누구나 2% 부족한 상태에서 시작한다. 일단 시작하고 나중에 완벽해지면 된다. 미국 국무부 장관을 지낸 콜린 파월도 내가 갖고 있는 정보의 양이 40% 이상 70% 이하면 일단 일을 추진하라고 말한 바 있다. 100% 확실해질 때까지 기다리면 이미 늦다는 것이다.Bruce Kasanoff, 2017주45 준비가 너무 부족한 상태에서 행동하는 건 물론 위험하다. 다만 준비가 과하면 추진력이 떨어지고 흥미를 잃어버릴 수도 있다는 사실을 기억하자.

먼저 실행력 높은 몸을 만들어라

실행력 있는 사람이 되기 위해서는 첫째, 나만의 루틴이 있는 게 좋다. 누구나 자신만의 습관이 있다. 야식 먹는 습관이 몸에 배어버린 사람은 아무리 노력해도 밤이 되면 배달앱을 실행한다. 습관이 이렇게 무섭다. 그런데 나쁜 습관뿐만 아니라 좋은 습관도 반복해서 내 것으로 만들면 무서운 무기가 될 수 있다.

'공부의 신' 강성태는 66일 공부법으로 유명하다. 66일 동안 하루도 빠짐없이 계속하면 공부가 습관이 되는 원리다. 나 자신이 단군 신화에 나오는 곰이라고 생각하고 건강한 습관을 만들 때까지 버텨보자. 뉴스 기사를 읽는 습관을 만들고 싶다면 어떻게든 두 달 정도는 계속해서 읽어라. 그 후엔 누가 시키지 않아도 먼저 찾아 읽게 된다. 일단 그 행동이 내 몸에 배게 되면 잡념이 끼어들 틈이 없다.

둘째, 움직이면서 생각하자. 정적인 내향인은 제자리에 앉아 답이 나올 때까지 생각하며 버틴다. 그러나 사람은 움직일 때 더 좋은 판단을 내릴 수 있다. 워싱턴대 의과대학 존 메디나의 연구에 주목해보자. 정적인 사람에 비해 동적인 사람은 기억력, 공간 지각력, 반응 속도, 수행 능력 등 모든 것이 더 뛰어났다. 몸을 움직이면 뇌 기능이 활성화되기 때문이다. 포인트는 동적인 라이프스타일이다. 우리의 뇌는 일주일에 19.3km를 걷도록 설계되어 있다. 매일 운동할 필요는 없다. 일주일에 3번 20분 정도의 운동만으로도 더 똑똑해질 수 있다.Talks at Google, 2008주46 아무리 생각해도 일에 진척이 없거나 좋은 아이디어가 떠오르지 않는다면 밖에 나가서 20분 정도 걸어보자.

셋째는 내 몸에 '보상하기'다. 할 일을 완수하면 자기 자신에게 상을 준다. 무슨 상을 줄지는 알아서 정하면 된다. 나의 경우에는 단계별로 일을 끝낼 때마다 작은 초콜릿을 먹는다. 초콜릿 통을 책상 위에 갖다 놓고 집어먹으면서 일하면 더 좋지 않느냐고 할지 모르지만, 언제든 쉽게 먹을 수 있으면 보상이 아니다. 스스로 자기 자신을 고용한 사람처럼 해봐도 좋다. 계약금, 중도금, 잔금을 주듯 어떤 목표로 삼은 일을 해낼 때마다 스스로에게 보상을 해주는 것이다. 예를 들어 이런 식이다. 일단 계약금으로 초콜릿을 하나 먹는다. 받은 게 있으니 일을 해야 한다. 중간 지점까지 도달했다면 잠깐 쉬면서 듣고 싶었던 음악을 듣는다. 일을 다 마치면 보고 싶었던 오늘 자 웹툰을 몰아본다. 이렇게 적절한 때에 소소한 보상을 스스로에게 해주는 것이다.

마지막으로는 '남은 시간 생각하기'다. 죽음을 생각하면 하루가 더욱 소중히 느껴진다는 이야기는 많이 들어봤을 것이다. 내가 고민에 시간을 많이 쓸수록 내 인생이 줄어든다고 생각해 보자. 더 큰 문제는 인생이 얼마나 남았는지는 나 자신도 잘 모른다는 것이다. 당장 내일 북한이 미사일을 쏠 수도 있고 제2의 코로나19가 창궐할 수도 있다. 한 가지 확실한 건 고민만 하며 멈춰 있기에는 시간이 아깝다는 사실이다. 눈앞의 일은 빨리 끝내고 내 인생을 살아가자.

행동을 방해하는 잡념 처리법

내향형 인간 중에는 예민한 사람이 많다. 일을 시작하기도 전에 잘못될까 봐 미리 전전긍긍한다. 혹시나 일이 잘 풀리지 않거나 상사에게 꾸중이라도 들으면 부정적인 생각에 사로잡힌다. 짜증 나는 일이 생기면 스트레스를 받느라 또다시 시간이 흐른다. 마감 시간이 다가오면 제시간에 일을 끝낼 수 없을까 봐 전전긍긍한다. 이때 필요한 것이 바로 '둔감력'이다. '그래, 뭐. 어쩔 수 없지'라고 생각하는 습관을 들여보자. 이때의 둔감력은 집중력과 대범함과 같은 뜻이다.

◉ 민감한 사람의 일하는 방식

할 일이 생겼다. ⇒ 어떻게 해야 할지 고민하다가 시간을 지연한다. ⇒ 일을 시작한다. ⇒ 일하는 동안에도 부수적인 걱정을 한다. ⇒ 일이 늦게 끝난다.

◉ 둔감한 사람의 일하는 방식

할 일이 생겼다. ⇒ 일을 효과적으로 끝내는 방법을 고민한다. ⇒ 당장 해야 할 일을 해결한다. ⇒ 일을 마칠 때까지 외부 자극에 둔감해진다. ⇒ 집중해서 일을 끝낸다.

만약 잡념이 자꾸 생긴다면 일부러 물리치려고 하지 마라. 그냥 내버려둬라. 잡념은 없애려고 노력하면 더 생겨나게 마련이다. 원래 사람은 가만히 앉아 있으면 온갖 생각들이 떠오르게 마련이다. 나쁜 생각이든 좋은 생각이든 모두 머릿속에 떠다니도록 내버려두자. 그러다가 가끔 스쳐 지나가는 좋은 생각에 올라타서 바로 행동하는 편이 낫다.

할 일이 너무 많을 때는 일의 순서를 정해서 글로 써보자. 컴퓨터 메모장이든 포스트잇이든 다이어리든 상관없다. 지금 당장 해야 할 일을 1번이라고 정하고 메모한다. 그러고 나서 일의 순서대로 넘버링해서 할 일을 적는다. 예를 들어 1번이 '인터넷으로 자료 조사하기'라면 다른 일은 신경 쓰지 말고 무조건 그 일부터 해치운다. 그 일을 다한 다음에 2번으로 넘어가면 된다. 이렇게 일의 순서를 정해서 급한 것부터 처리하면 잡념이 떠오를 확률이 현저하게 줄어든다.

운은 사람을 통해서 들어온다

행복해지고 싶다면 다른 사람들과 함께해라

내향인의 인간관계는 '지금 이대로가 좋아요'다. 혼자인 생활에 익숙하다. 굳이 인간관계를 넓히려고 노력하지 않는다. 사람들과 연락해서 만나는 일에도 수동적이다. 마당발 외향인이 부럽지만 따라 하고 싶지는 않다. 온갖 모임과 약속에 빠지지 않고 자주 연락하며 인맥을 유지하는 일이 버겁다. 그러나 내향인도 사회적 동물이다. 인간이 왜 인간(人間)이겠는가. '혼자'와 '함께'의 균형이 무너지면 제아무리 혼자가 편한 내향인일지라도 외로움과 사회적 고립감을 느끼게 된다. 당신이 내향인이라면 좋은 운과 행복은 언제나 사람을 통해서 들어온다는 사실을 잊지 말아야 한다. 나 혼자서는 결코 할 수 없는 것들이 세상에는 많다. 그러니 행복해지고 싶다면 나와 마음 맞는 사람을 찾아야 한다. 내향인에게는 절망적인 이야기지만, 이런 이유 때문에 외향성은 행복의 핵심 요소다. 한 연구에서 상위 10%의 행복한 사람들과 하위 10%의 불행한 사람들을 분석했다. 행복한 그룹은 상대적으로 외향성과 정서적 안정성이 월등하게 높았다. 또한 사회적 관계를 맺는 빈도와 만족감이 높았다. 이는 사회성이야말로 돈과 외모를 뛰어넘는 행복의 필요조건이라는 것을 잘 말해준다. 이 실험 결과 행복은 운동을 얼마나 하는지, 종교 활동을 하는지 여부와는 큰 상관이 없었다. 심지어 돈과 외모보다도 좋은 사회적 관계를 맺을 수 있는 외향성이 중요했다.Diener, Ed Seligman, Martin E. P. 2002주47

사회적 경험은 광합성만큼 중요하다

내향인은 행복해지기 위해 혼자 있으려 한다. 사람에 시달리다가 텅 빈 집에 오면 그렇게 좋을 수가 없다. 내향인이 혼자 있고 싶은 이유는 사람이 싫어서가 아니다. 그보다는 함께 있는 상황에 스트레스를 느끼기 때문이다. 물론 복잡한 관계와 자극으로부터 간간이 떨어져 있을 필요는 있다. 그러나 사회적 고립이 행복을 가져다주지는 않는다. 외향성이 행복과 깊은 관련이 있는 이유는 외향적일수록 사회성이 높기 때문이다. 연세대 심리학과 서은국 교수는 이렇게 말했다. "인간에게 사회적 경험은 식물이 광합성 작용을 하는 것만큼이나 중요합니다."서은국, 2014주48 식물이 광합성 작용을 하지 못하면 죽을 수밖에 없는 것처럼 인간도 사회적 경험을 해보지 못하면 잘 살지 못한다. 인간에게 사회적 경험은 선택이 아니라 필수인 것이다.

그렇다면 얼마나 많은 사람을 알고 지내야 행복할까? '던바의 수'라는 개념이 있다. 영국의 진화 인류학자 로빈 던바가 조사한 결과 한 사람이 가질 수 있는 사회적 관계의 최대치가 백오십 명이라는 뜻이다.강준만, 2014주49 이는 최대치를 의미한다. 누군가의 죽음에 애도할 만한 인맥의 수는 평균 열두 명으로 급격하게 감소한다. 단지 아는 사이가 아니라 친한 사이가 되려면 그만큼 에너지가 필요하다. 절친한 사이를 유지할 수 있는 인맥이 열 명에서 열다섯 명이 넘어가면 그때부터는 부담스러워진다. 즉 열다섯 명이 현실적인 한계 인원이다.말콤 글래드웰, 2000주50 적어도 행복에 관해서라면 수십 명에서 수십만 명의 SNS 인맥보다는 현실에서 만나는 친구가 훨씬 힘이 된다.

건강한 관계가 건강한 사람을 만든다

내향인은 소수의 사람과 깊게 관계 맺는 것을 좋아한다. 하지만 한 사람에게 너무 많은 것을 기대하다 보니 실망할 때도 많다. 모든 것이 완벽하게 통하는 사람을 만나기는 정말로 쉽지 않기 때문이다. 음악이나 영화 취향이 같더라도 독서나 운동 취향은 다를 수 있다. 그러나 이런 사소한 어긋남에 '알고 보니 소울메이트가 아니었다'라며 서운함을 느낀다면 주변에 사람이 남아나질 않을 것이다. 만약 이런 느낌이 든다면 내가 한 사람에게 너무 많은 역할을 기대한 건 아닌지 생각해보자. 또 이런 문제점을 방지하기 위해서라도 내향인은 인간관계를 점검할 필요가 있다. 다양한 사람과 교류하며 인간관계를 다채롭고 풍성하게 만들려고 노력해야 한다.

자신이 있어야 할 곳은 스스로가 잘 안다. 아무리 인간관계가 행복의 필요조건이라지만 맞지 않는 사람은 스트레스일 뿐이다. 그러므로 사람 그 자체가 목적인 곳보다는 취미를 공유하는 모임을 추천한다. 외향인은 새로운 환경에 빨리 적응하고 낯선 사람들에 둘러싸인 상황을 즐긴다. 하지만 내향인은 주변 사람들이 웃고 떠드는 모습을 지켜보며 괴로움을 느낀다. 그러므로 특별한 목적이 없는 친목 도모를 위한 모임은 내향인에게 지옥이나 다름없다.

지금 이 글을 읽고 있는 당신도 자신의 과거를 한번 떠올려 봐라. 교실 뒤에서 여러 명이 모여서 떠드는 대화에 자신 있게 끼어드는 유형이었는가? 아니면 혼자 책을 보거나 그림을 그리는 친구에게 다가가 말을 거는 유형이었는가? 내향인은 사람이 많을수록 스트레스를 받기 쉽다. 따라서 사람과 부대낄 자신이 없다면 인원이 많은 모임은 피해야 한다. 이왕이면 당신의 내향성이 환영받을 수 있는 곳을 찾아라. '이곳이 최선인가?' 하고 자문해보자. 외향적일수록 유리한 모임을 굳이 선택할 필요가 없다. 초보자가 쉬운 난이도로 게임을 시작하는 건 자연스러운 일이다. 본인이 원한다면 괜찮다. 그러나 내향인에게 수십 명이 어울리는 파티는 너무 어려운 미션이다.

내향인은 인간관계의 황금기가 학창 시절에 머물러 있는 경우가 많다. 어째서 학생 때처럼 친구를 사귀기 어려운 걸까? 첫째는 소속감을 느낄 곳이 회사 말고는 없기 때문이다. 둘째로는 회사 말고 다른 활동을 하지 않기 때문이다. 운동을 함께하거나 소설이나 만화를 돌려보고 싶어도 주변에 사람이 없다. 많은 사람들이 우스갯소리로 "사회에 찌들어버려서 더 이상 예전처럼 순수하게 사람을 못 만나는 것 같아"라고 말하곤 한다. 하지만 이것은 핑계일 뿐이다. 새로운 인간관계를 만들지 못하는 이유는 마음이 찌들어서라기보다는 라이프스타일 때문이다. 새로운 일, 새로운 사람을 만나는 일에 더 이상 에너지를 쓰지 않기 때문이 더 크다.

그렇다면 내향인은 어디서, 어떻게 새로운 사람을 만날 수 있을까? 모임이라고 해서 꼭 왁자지껄한 것은 아니다. 찾아보면 내향인에게 잘 맞는 정적인 모임도 적지 않다.

예를 들어 취미가 독서라면 다양한 독서 모임에 참석해보자. 사회성이 필요한 정도에 따라 순한 맛부터 매운맛까지 조절할 수 있다. 가장 순한 맛은 묵독 모임이다. 말없이 책만 읽으면 된다. 대화하고 싶은 욕구가 생긴다면 소규모 독서 모임에도 나가보자. 사회자가 있는 모임은 대화를 주도해야 하는 부담이 없어서 좋다. 비정기적으로 모이거나 일회성 모임이어도 괜찮다. 좋아하는 주제에 대해 사람들과 의견을 나누고 즐거움을 느낄 수 있으면 된다. 때로는 내가 직접 모임을 열고 발제도 해보자. 이렇게 내가 좋아하는 활동을 하면 편안하면서도 자연스럽게 인간관계를 넓힐 수 있다.

먼저 연락하는 사람이 돼라

혼자여서 너무 괜찮아도 문제

사람과의 관계에는 균형 감각이 필요하다. 길고 무거운 물건을 다른 사람과 함께 들어 올리는 모습을 상상해보자. 친해지는 과정도 이와 비슷하다. 모르는 사이(0단계) – 안면만 있는 사이(1단계) – 짧은 대화를 나누는 사이(2단계) – 뭔가를 함께하는 사이(3단계)……. 이렇게 단계별로 할 수 있는 행동이 있다. 서로 대화를 나누는 사이는 두 명 모두 2단계에 올라왔을 때 가능하다.

안면만 있는 사이에서 바로 1단계를 건너뛰고 뭔가를 함께 하는 사이가 될 수는 없다. 마치 집을 짓듯이 인간관계도 단계별로 쌓아나가야 되는 것이며 양쪽의 균형이 필요하다.

그런데 '회사 – 집 – 회사 – 집……'만을 무한 반복하는 내향인이라면 이런 균형 감각을 익힐 기회조차 없다. 고기도 먹어본 사람이 잘 먹는다고 사람을 만나본 적이 너무 없다 보니 관계에서 어떻게 단계별로 거리 조절을 해야 하는지에 대한 감이 별로 없다. 사회성이 발달하지 않았기 때문이다.

물론 좋은 사람은 어디에든 있고 어디서나 친분을 나눌 수 있다. 그러나 사회생활에서 만나는 인간관계와 사적인 인간관계는 다르다. 사회생활 차원에서 나누는 친분을 사적인 관계라고 쉽게 착각해서는 안 된다. 상대방의 입장에서는 단지 사회생활을 위해 하는 말과 행동일 수도 있기 때문이다. 특히 선배가 되면 이런 착각을 하기 쉬워진다. 후배들이 나를 잘 따르더라도 그것이 진짜 나를 인간적으로 좋아해서라고 생각하면 안 된다. 후배 입장에서는 회사 생활을 잘하기 위해서 그냥 노력하는 것일 수도 있다.

그렇다면 사회성을 기르려면 어떻게 해야 할까? 당연히 많이 만나봐야 한다. 열심히 일해서 번 돈의 일부를 인간관계에

투자해야 한다. 만약 회사 사람이 인간관계의 전부인 내향인이라면 취미든 자기계발이든 회사 밖에서 우선 시작해보자. 회사는 일한 만큼 월급을 주지 친구나 애인을 만들어주는 곳이 아니다.

혼자여서 너무 괜찮아도 문제다. 지금은 혼자서도 뭐든 할 수 있는 시대다. 혼밥, 혼영은 기본이고 헬스, 수영, 달리기 같은 운동도 문제없다. 혼자 보내는 시간이 어색하지 않고 마음 편하기까지 하니 단점이 거의 없다. 조금 외롭다는 점만 빼면 모든 것이 내향인과 맞는 시대가 된 것이다. 그런데 그럼에도 뭔가 허전하고 내 삶에 변화를 주고 싶다는 마음이 드는가?

만약 그렇다면 이것이 바로 새로운 사람을 만나도 괜찮다는 신호다. 혼자 또는 함께 보내는 시간의 적정 비율은 사람마다 다르다. 7:3, 5:5, 4:6 등등 여러 형태가 있을 것이다. 하지만 0:10이나 10:0 같은 극단적인 경우는 좋지 않다. 뭐든 지나치면 좋지 않듯이, 인간관계도 마찬가지다. 혼자 있는 시간과 누군가와 같이 보내는 시간을 적절하게 조절해보자. 지금보다 만족스러운 삶을 살 수 있을 것이다.

차곡차곡 주변에 좋은 사람을 심어라

저절로 유지되는 인간관계는 없다. 오랫동안 교류하는 사람들을 보면 주기적으로 약속을 잡고 만난다는 공통점이 있다. 때가 되면 전화해서 안부를 묻고 시간을 내서 약속을 잡는다. 거리가 멀어지지 않도록 유지하는 법을 안다. 그런데 내향인은 먼저 만나자는 말을 잘 하지 않는다. 연락하라는 말을 들어도 본인이 먼저 하지는 않는다.

그런데 내향인의 입장에서 보면 이것은 사람을 싫어해서가 아니다. 굳이 보지 않아도 괜찮아서다. 연락했다가 실제로 봐야 하는 상황을 피하고 싶기 때문이기도 하다. 그런데 중요한 것은 이런 성향을 극복하지 못하면 점점 주위에서 사람들이 떠나가고 결국 혼자 남을 수 있다는 것이다. 상대방의 입장에서는 매번 자신이 먼저 연락해야만 만날 수 있는 사람이라는 인식을 하게 되고, 그러다 보면 점점 연락하지 않게 되는 게 인지상정이다.

삶을 바꾸고 싶다면 먼저 연락하는 사람이 돼라. 전화가 부담스러우면 가끔 메시지를 보내서 잡담을 나눠라. 거창한 이야기를 하라는 말이 아니다. 누구나 할 수 있는 지극히 평범한 일상에 대해 이야기하면 된다.

저녁 시간에 번화가를 걷다가 식당과 카페를 가득 채운 사람들을 봤다. 삼삼오오 모여서 떠드는 유리창 속 사람들의 모습이 다른 세계처럼 느껴졌다. 혼자인 생활에 익숙해지다 보면 무리 짓는 방법을 잊어버린다. 스스로 혼자인 삶을 선택했다고 영원히 혼자 살아야 하는 건 아니다. 사람을 만나고 행복해지고 싶은 마음은 인간의 자연스러운 본성이다. 나와 관심사가 비슷하거나 잘 통하는 사람들은 어디에나 반드시 있다. 먼저 주변에서부터 찾아라. 용기 내서 모임에 나가라. 삶의 일부를 타인에게 내줘라. 만약 좋은 사람을 발견했다면 공들여 관계를 유지해라. 그렇게 주변에 차곡차곡 좋은 사람이 늘어날수록 삶에 대한 만족도도 늘어날 것이다.

내향인의 연애는 뭐가 다를까?

자신을 먼저 돌아보자, 어떤 인생을 살아왔는가?

내향인에게 사랑과 연애는 인생 최대의 난제다. 연애는커녕 사람 만나는 일 자체가 피곤한 사람들이기 때문이다. 교류 자체가 적다 보니 연애할 기회도 많지 않다. 이를 적나라하게 보여주는 예가 있다. 독일 대학생을 대상으로 성격유형에 따른 성생활을 묻는 조사를 했다. 내향적인 남성이 월평균 3회를 할 때 외향적인 남성은 5.5회를 했다. 내향적인 여성이 월평균 3.1회라면 외향적인 여성은 7.5회였다.Ariel Schwartz, 2016주51 물론 성 경험이 곧 연애를 뜻하지는 않고 문화적 차이도 고려해야 한다. 핵심은 내향인에게 연애가 유리한 조건은 아니라는 것이다. 가장 큰 이유는 타인과의 교류가 매우 적기 때문이다. 내향인은 기본적으로 사회적 노출도가 적다. 겉보기에 멀쩡한데 연애를 못한다고 "하자가 있냐?"는 질문을 듣는다면, 답은 이거다. '심각할 정도로 사회생활에 소극적인 태도'가 하자라면 하자다. '활동적인 내향인'일수록 '정적인 내향인'보다는 연애할 가능성이 높다. 하지만 사회 활동에 적극적으로 나선다고 한들 여전히 넘어야 할 산이 있다. 그것은 바로 내면의 무의식이다. 더 정확히 말하면 내면의 부정적 무의식이다. 마음속에 들어 있는 연애와 이성에 대한 관념은 우리의 연애관에 항상 영향을 미친다. 부정적 관념은 과거 좋아하는 이성에게 냉정하게 거절당한 경험을 통해 생긴다. '내가 좋아한다는 사실만으로 그 사람이 상처받을지도 몰라'라는 생각이 그 예다. 물론 진실이 아니다. 길을 걷다가 매력적인 이성을 발견해도 똑바로 볼 수가 없다. '감히 내가?'라는 자기 비하가 고개를 들기 때문이다. 이러한 관념의 근원은 이성에게 거절당한 과거를 넘어 유년 시절까지 거슬러 올라간다. 미국의 정신의학자인 에릭 번이 주장하는

'인생 각본'이란 개념으로 알 수 있다. 에바 블로다레크, 2018 주52

'나는 ~해야 한다'라고 어려서부터 형성된 생각이 인생 각본이다. 우리가 살아온 인생을 되돌아보면 그 안에 힌트가 있다. 어릴 적부터 봤던 부모님의 관계가 이성에 대한 통념을 만들기도 한다. 형제나 친구도 마찬가지다. 인생은 가까이서 보면 비극이란 말처럼 누구에게나 힘든 시절이 있다. 항상 부정적이고 날선 감정으로 대화하는 가족들 사이에서 자라다 보면 '저럴 거면 왜 같이 살까?'라는 의문이 생긴다. 부모의 부정적인 면을 보며 '나는 당신처럼 살지 않겠다'라고 다짐한다. 더 큰 문제는 부모로부터 '남자/여자는 이렇다'라는 부정적인 관념을 물려받은 경우다.

억압된 무의식으로 살게 만든 부모님을 원망하라는 말이 아니다. 잘못된 인생을 살았다는 뜻도 아니다. 목표는 내 과거를 정확히 돌아보고 어디서부터 문제를 풀어나갈지 찾아내서 생각을 바꾸는 것이다. 그러기 위해서는 나의 인생 각본이 형성된 과거를 잘 돌아봐야 한다. 그리고 그것이 인생의 전부가 아니라는 것을 인지해야 한다. 나의 부모는 세상에 존재하는 수십 억 인구를 대표하는 사람들이 아니다. 이것을 인정하는 것에서부터 이성 관계를 잘 풀어나갈 수 있다.

성격을 바꾸기 전에 자신감을 장착하라

연애에서 중요한 건 첫째도, 둘째도 자신감이다. 자신감이 없는 사람은 연애를 시작조차 할 수 없다. 자신을 사랑하는 마음이 부족하기 때문이다. 내면의 비판적 자아가 끊임없이 자신을 깎아내린다. 밖에 나가서 멋지고 아름다운 커플과 비교하면 자신이 초라해진다. 남자들은 잘생기고 키가 크고 멋있다. 아름다운 여자들은 나와 눈만 마주쳐도 불쾌해할 것 같다. 그들과 비교하면 모든 면에서 부족한 나는 도무지 매력이라고는 찾아볼 수 없다. 사실은 그렇지 않은데도 말이다. 자신감을 잃은 사람은 겸손의 정도를 넘어 자신을 비하하기까지 한다. 상대방을 유혹하고 매력을 발산하기는커녕 자신을 모욕하고 있다. 이런 상황에서 일이 제대로 될 리가 없다.

사람들은 종종 회사 일이 많고 바빠서 연애할 시간이 없다고들 말한다. 그래서 연애를 잘하려면 먼저 열심히 일하라고 말하면 이상하게 들릴지도 모른다. 하지만 조언의 핵심은 '스스로 만족스러운 결과를 얻을 때까지 열심히 살라'는 것이다. 이것이 자신감과 직결되어 있기 때문이다. 단지 성격이 내향적이어서 연애를 못하는 게 아니다. 내향적이더라도 자신의 삶에

만족하고 자신감이 있으면 그만의 카리스마와 매력이 생긴다. 그렇게 되면 자연스럽게 연애도 할 수 있게 된다. 오히려 조심해야 할 것은 근본적인 개선 없이 돈으로 해결하려는 태도다. 자신감이 부족했던 시절에는 나 역시 피상적 해결책에 매진했다. 수백만 원을 쓰고 나서야 깨달았다. 가장 기본적이고 중요한 것은 자신감이라는 것을. 그 시절 나는 자신감이 없는 채로 내향적인 성격을 고치기 위해 큰돈을 들여 이미지 컨설팅을 신청했다. 아나운서 지망생처럼 발음과 발성을 교정했다. 승무원 지망생처럼 자세를 바로잡았다. 이때 퍼스널 컬러 분석을 통해 가을 웜톤이 잘 어울린다는 사실도 알게 되었다. 그런데 컨설팅 기간이 끝나자 다시 원래의 나로 돌아왔다. 큰 규모의 수강생을 거느린 연애 전문가들의 강의도 들었다. 길거리나 클럽에서 본 초면의 이성에게 말 거는 방법 등을 배웠다. 이 많은 방법을 쓴 이후 결국 나에게 남은 건 카드 고지서와 자괴감이었다. 내향성 돌연변이를 치유하고 외향인으로 진화하려고 했으나 실패하고 만 것이다.

그러므로 성격을 바꾸려고 노력하는 것보다 자신감을 회복하는 것이 먼저다. 또한 앞서 말한 것처럼 자신감을 끌어올리는 유일한 방법은 실력 향상이다. 이것이 선행되지 않으면 소개팅이 들어와도 "지금은 만날 준비가 안 됐다"고 말한다. 또는 새로운 사람을 만나고 싶은데도 "지금은 연애할 마음이 없다"고 거짓말한다. 이렇게 말하는 이유는 스스로가 다른 사람을 행복하게 해줄 능력이 없다고 생각하기 때문이다. '능력이 없다'나 '마음의 여유가 없다'나 비슷한 맥락이다. 그럴 때는 차라리 '지금은 연애할 때가 아니다'라고 깔끔하게 정리하고 일에 매진하는 게 낫다. 현재 닥쳐 있는 문제에 전력을 다하고 성취해나가다 보면 스스로에 대한 믿음이 생긴다. 연애는 그 후에 해도 늦지 않다.

당신은 사랑받을 자격이 있다

'자만추'(자연스러운 만남 추구)를 원한다면 활동 반경을 넓히자. 내성적인 사람은 코로나19와 관계없이 사회적 거리두기를 잘 지키는 모범 시민이다. 주중에는 집 - 회사 왕복, 주말에는 집콕이었던 동선에 변화를 주자. 관심사와 성향에 맞는 모임에 나가보자. 어떤 모임이 맞는지 모르겠으면 천천히 체험해보자. 모임의 규모는 안정감 있게 대화할 수 있는 적당한 정도가 좋다.

주제는 취미 활동이나 재테크, 자기계발 등 본인의 관심사를 기준으로 선택해야 한다. 같이 갈 사람이 없어도 괜찮다. 절친한 친구라도 취미가 같지는 않기 때문에 대부분의 사람들이 혼자 온다.

'인만추'(인위적인 만남 추구)를 원한다면 적극성을 보여야 한다. 주변에 도움을 요청하자. '구애 중입니다. 사람을 소개해주십시오'라고 광고하고 싶은 사람은 없다. 하지만 말을 하지 않으면 주변 사람들은 당신이 솔로인지 기혼인지조차 모른다. 직장 동료가 솔로라면 주변인을 소개해주거나 잡담을 하면서 당신이 솔로임을 자연스럽게 알리자. 소개팅이 들어오면 거절하지 않는다. 취미 모임에서 만난 사람들과 친해지면 어필해보는 것도 좋다. 때로는 적극적으로 행동하지 않아도 주변에서 소개를 해주겠다고 나설 때가 있다. 이때는 일종의 성수기다. 주변의 인맥과 당신에 대한 이미지는 물론 운마저 좋은 때이므로 기회를 놓치지 말자.

온라인 데이팅 서비스는 신중해야 한다. 오프라인에서 이성에게 어필하기 부담스러운 내향인에게 온라인 세계는 한 줄기 빛이다. '단 한 줄기 빛'이란 표현처럼 내게 오는 빛의 양이 많지는 않다. 모바일 애플리케이션으로 하는 온라인 데이팅 서비스에는 성비의 불균형이 심각하다. 특히 남성이 절대다수를 차지하므로 여성 회원을 둘러싼 경쟁이 치열하다. 또한, 서로가 사진과 실물의 차이에 실망할 수 있다. 일부 서비스의 경우는 인스타그램과 같은 SNS를 연동하기도 한다. 어떤 경우든지 실제로 만나서 '진짜' 데이트를 하기 전에는 믿을 수 없다고 생각하는 편이 낫다. 현실의 부담감에 온라인에만 의존하면 정신적 감정 소모가 클 수 있다.

자신을 외향성에 억지로 끼워 맞추지 말자. 소셜 모임은 외향인 유저에게 특화된 게임을 하는 느낌이다. 내향인은 '업계 표준'에 적응하는 수밖에 없다. 대규모 모임의 뒤풀이는 애초에 설계 자체가 기울어진 운동장이다. 많은 인원이 모여서 술을 마시며 고함치듯 대화한다. 외부 자극에 민감한 내향인은 사람들이 뭐라고 하는지 듣기 바쁘다. 게다가 작은 목소리 때문에 남이 듣지도 못한다. 모임에서 소외된 내향인을 위한 확성기와 보청기가 있으면 좋겠다는 생각이 들 정도다. 외향인에게 특화된 모임이 부담스럽다면 아예 내향인들이 모이는 모임을 택하는 게 낫다. 재미는 덜할 수 있지만 시끌벅적한 외향인

경연 대회 같은 모임보다는 훨씬 낫다.

내향인이라고 해서 연애가 힘들 거라고 너무 기죽을 필요는 없다. 사람의 마음을 얻는 일은 내향성과 외향성과 관계없이 어려운 일이다. 인생을 더욱 즐겁게 살겠다고 마음먹어보자. 아직 연애할 준비가 안 됐다면 당장 급한 일부터 열심히 해보자. 자신의 삶을 열심히 사는 사람이 매력 있다. 자연스러운 방식이든 주변 사람의 도움을 받든 자신 있게 사랑하자. 사랑하고 싶으면 사랑할 권리가 있다. 스스로 사랑받을 자격이 있다는 것을 자꾸 상기하자. 그러면 자신감도 생기고 타인을 받아들일 마음의 공간도 넓어진다.

| 3장 |

내향인의 장점을 활용하라

침착함,
신뢰를 심어주는 도구

감정을 드러내지 않는 것이
오히려 약이 될 때도 있다

예민하고 자신감 없고 생각도 많고 불안한 내향인은 어떻게 멘탈을 지킬 수 있을까? 다행히 내향인에겐 침착함이라는 숨겨진 장점이 있다. 정신없이 흘러가는 일상 속에서도 침착하게 할 일을 해낸다.

우리 내향인은 스스로는 어떤지 모르지만 겉으로 보면 몹시 믿음직해 보인다. 본인이 의도했든 의도하지 않았든 겉으로 그렇게 보인다면 주변 사람들에게서 신뢰를 얻기에 충분하다. 침착한 성격은 위기 상황이 닥쳤을 때 더 빛을 발한다. 주변을 안심키시고, 위험을 피할 수 있게 돕는다. 또 비즈니스 협상에서도 침착함은 큰 장점으로 작용한다.

신입 사원 때 나는 사내 봉사활동 단체 행사 업무를 맡은 적이 있었다. 스무 명 정도 되는 직원들을 통솔하고 임원들이 참석하는 기념식도 진행했다. 성격과는 영 맞지 않는 업무인 데다가 돌발 상황이 많아서 정신이 하나도 없었다. 그런데 행사가 끝나고 난 뒤에 한 선배에게 의외의 말을 들었다. 그것은 바로 "아까 보니까 차분하고 침착하게 잘하더라"라는 칭찬의 말이었다. 그 말을 듣고 나는 얼떨떨했다. 사실 내향인도 당황하면 동공에 지진이 나고 손이 떨린다. 그런데 그것이 겉으로 잘 드러나지 않을 뿐이다. 속으로는 떨리지만, 겉으로 티를 잘 내지 않기 때문이기도 하다. 이렇게 감정을 드러내지 않는 내향인의 단점이 오히려 장점이 되기도 한다.

자동차를 운전하다가 돌발 상황이 발생했을 때도 나는 웬만하면 평정심을 유지한다. 적어도 남들이 보기에는 그렇다는 것이다. 동승자가 있을 경우 옆에서 비명을 지르는 상황에서도 차분하게 대응한다. 내가 너무 놀라면 다른 사람들이 더욱 불안해할까 봐 자제한다. 나의 행동 때문에 상대방이 자극을 받을까 봐 조심한다. 소방관이 불을 진화하듯이 자신의 감정을 다스리고 다른 사람들도 안심시킨다. 이렇듯 위기 상황에서 내향인의 침착함은 사람들에게 믿음직한 인상을 줄 수 있다.

사실 내향인이 이렇게 차분할 수 있는 것은 감정 처리가 느리기 때문이다. 갑작스러운 외부 자극을 처리하려면 충분한 시간이 필요하다. 한 연구에 의하면 외향인은 외부 자극에 '반응(respond)'할 준비를 한다. 그에 비해 내향인은 외부 자극을 '점검(inspect)'할 준비를 한다. JohnBrebner, ChrisCooper, 1978 주53 이 과정에서 내향인은 멈춰 있거나 생각하는 것처럼 보인다. 그 모습이 다른 사람에게는 감정적으로 동요하지 않는 것처럼 보인다.

한 유명인의 사례를 보자. 2001년 시애틀에 리히터 6.8 규모의 강진이 발생했을 때의 일화다. 그 당시 빌 게이츠는 고층 호텔에서 청중 500여 명에게 윈도우 XP를 시연하고 있었다. 지진으로 건물이 심하게 흔들리자 사람들은 비명을 지르며 동요했다. 조명이 빌 게이츠 바로 옆에 떨어지기도 했다. 그런데 이 아수라장 속에서 빌 게이츠는 연설을 멈추고 주변을 한번 돌아봤다. 대부분의 사람들이 출구로 달려가거나 의자 밑으로 숨을 때 그는 침착하게 연단 아래쪽으로 걸어 내려왔다. 그의 이런 모습이 사람들에게 깊은 인상을 남겼다는 사실을 기억해보자. 내향인인 우리도 이렇게 위기 상황에서 침착하게 대응하면서 깊은 인상을 남길 수 있다.

보상보다 위험에 민감한 내향인

내향인이 침착한 것은 뇌과학으로도 설명이 가능하다. 내향인의 뇌가 위험을 추구하기보다 조금 더 신중하도록 설계되어 있기 때문이다. 뇌에는 감정과 본능을 따르는 변연계와 이성을 따르는 신피질이 있다. 본능과 이성은 서로 협력하기도 하지만 충돌할 때도 있다. 이때 어느 편이 이기는지에 따라 내향성과 외향성의 차이가 나타난다. 외향적인 사람은 긍정적인 감정을 따라 보상을 추구하는 특성이 있다. 외향인의 사교성, 야망, 성취욕 등이 내향인보다 월등한 이유다. 그에 비해 내향인은 보상 시스템에 대한 반응이 약하다. 미지근하지만 이성적이다. 보상보다 위험에 민감하므로 조심스럽게 뒤로 한발 물러선다.수전 케인, 2012주54

외향인은 내향인보다 위험을 감수하면서 보상을 추구하는 성향이 강하다. 정확히는 유전자 변형의 여부가 위험 추구 성향을 결정한다. 도파민 조절 유전자 변형(DRD4-7R allele)은 사람을 대담하게 만든다. 이 유전자 변형이 있는 사람은 재정적 위험을 25% 더 많이 감수한다. 그 반면에 세로토닌 조절 유전자 변형(5-HTTLPR s/s allele)은 사람을 신중하게 만든다. 이 유전자 변형이 있으면 28% 더 적게 위험을 감수한다.Kuhnen CM, Chiao JY, 2009주55 도파민은 외향성, 세로토닌은 내향성과 관련이 있다. 외향인이 엑셀을 밟을 때 내향인은 브레이크를 밟는 이유다. 그 대신 내향인은 지나고 나서 후회할 가능성이 높다. "아! 그때 했어야 했는데…" 하고 말이다.

코로나19 사태로 글로벌 주식시장이 폭락하자 동학개미운동이 일어났다. 정부의 부동산 규제 정책으로 풍부한 유동성 공급까지 맞물려 시장이 과열됐다. 개인 투자자의 주식 매수액과 예탁금은 나날이 늘어만 갔다. 모두가 낙관적으로 보는 시장에서 냉정함을 유지하기란 쉽지 않다. 내향인이라면 적어도 돌진하는 외향인보다는 위험을 회피할 가능성이 크다. 때로는 아무것도 하지 않는 게 최고의 투자 전략이다. 보상 지향적인 외향인에게 자극은 곧 기회다. 놓치지 않기 위해 바로 행동한다. 하지만 내향인은 보상에 적극적이지 않다. 자극을 받으면 일단 멈추고 위험을 살핀다. 동물의 세계에서 최고의 성격이 없듯이 인간 세상에도 정답은 없다.수전 케인, 2012주56

영화 〈빅쇼트〉에서 배우 크리스천 베일이 연기한 마이클 버리를 벤치마킹하자. 그는 성공한 내향인 투자자이며 2008년 서브프라임 모기지 사태를 예측한 주인공이다. 2000년대 초 미국에서는 초저금리 현상으로 사람들이 너도나도 대출을 받았다. 금리는 낮고 집값은 급상승했기 때문이다. 이후 부동산 거품이 꺼지고 대출 금리가 오르자 상환 능력이 없는 사람이 속출했다. 그 여파로 대규모 금융 기관까지 파산했다. 그 와중에 주택 시장 폭락에 베팅했던 마이클 버리는 큰돈을 벌었다. 모두가 낙관하는 상황에서 엄청난 양의 자료를 읽고 분석해서 위험을 확신했기 때문이다. 이렇듯 자본주의 사회에서 침착하고 회의적으로 위험을 살피는 능력은 강점이 틀림없다.

침착한 사람은 강하다

조용하고 느린 말투, 적은 말수, 정적인 분위기는 침착한 사람의 특징이다. 일부 내향인은 이러한 자신이 재미없어 보일까 봐 자격지심을 갖는다. 하지만 자극적인 말과 큰 목소리, 시끄러운 분위기에 지친 사람들에게는 오히려 플러스다. 차분한 사람의 말에는 진정성이 있다. 과장되거나 군더더기가 없다. 내향인이 에너지를 소비하면서까지 허튼소리를 할 리가 없기 때문이다. 독일 최초의 여성 총리 앙겔라 메르켈이 좋은 예다. 그는 언론 노출을 조심하는 내향인이다. 메르켈 총리가 공식 석상에서 발언하는 모습은 차분하고 이성적이다. 조용하고 절제된 말로 신뢰감과 안정감을 준다. 그러면서도 권위적인 카리스마를 발휘할 줄 안다.

내향인의 침착함은 외향인의 공격성과 열정 못지않은 장점이다. 조용하고 온화한 태도로 상황을 차분하고 객관적으로 파악할 수 있기 때문이다. 감정에 호소하는 말, 압박하는 말, 회유하는 말을 들어도 휘둘리지 않는다. 세심한 관찰력으로 상대의 의도를 파악하고 이성적으로 대응할 수 있다. 이 방법은 특히 갑을관계나 나이를 내세우는 사람들에게 대처하는 데 효과적이다. 들어줄 말은 다 들어주고 가능하면 이해해준다. 대립하고 경쟁하려 들지 않으면서 조용히 할 말은 다 한다. 들어줄 수 있는 것, 불가능한 것, 포기할 수 없는 것을 구분해서 차분하게 협상한다. 화려한 언변은 없지만, 상대방을 속이지도 않으며 차분함을 유지한다.

사회생활을 하면서 상대방을 휘어잡아야 협상에서 이긴다는 조언을 받은 적이 있다. 유약한 이미지의 내향인인 나에게 보고 배우라는 듯이 알려주는 사람도 있었다. 외향인의 강함을 보고 배우라는 듯이 말이다. 그렇지만 그것도 도를 넘으면 '갑질'이 되기도 한다. 물론 사기꾼들에게 당하지 않기 위해서는 강하게 나가는 것도 필요하다. 하지만 그렇다고 상대를 세게 몰아붙이는 게 언제나 최선은 아니다. 공격적인 협상을 하는 사람은 하수다. 영국 세일즈 전문가 닐 래컴과 존 칼라일이 9년에 걸쳐 협상가들의 행동을 연구했다. 두 사람은 노동협상가와 계약관리자 마흔아홉 명이 실제 거래를 하는 전략과 태도를 조사했다. 결과는 협력적 협상 전략의 승리였다. 성공적인 협상가일수록 상대의 짜증을 유발하는 요인을 적게 사용했다.

짜증 유발 요인이란 상대의 제안을 이기적으로 해석하거나 모욕하는 공격 등을 말한다. 성공적이지 못한 협상가들은 시간당 10.8개의 짜증 요인을 사용했다. 그에 비해 숙련된 최고 협상가들은 시간당 2.3개의 짜증 요인을 사용했다.[Neil Rackham, John Carlisle, 1978주57] 이 연구는 상대방과 협력하고 윈윈하는 전략이 얼마나 효과적인지를 잘 보여준다.

"앞에서는 예민함과 불안을 단점으로 지적하더니 이제 와서 침착해서 좋다고요?"라고 이야기하는 사람이 있을 법도 하다. 하지만 원래 단점이 있다면 그 단점 속에 장점도 들어 있는 법이다. 내향성과 외향성 어느 한쪽으로만 극단적으로 치우친 사람이 없는 것과 마찬가지다. 침착함은 우리가 살아가면서 겪는 많은 어려운 일들을 헤쳐 나갈 수 있도록 힘을 준다. 힘든 일이 생겼을 때, 겁을 먹거나 부담을 느낄 때마다 내 안에 내향성에서 답을 구해보자. 차분하고 진중하게 대처하는 당신의 모습은 주변의 많은 사람들에게 신뢰감을 안겨줄 것이다.

섬세함, 좋은 사람의 조건

본인이 민감하기 때문에 상대를 배려할 수 있다

소음과 큰 소리에 민감하다. 많은 일을 빨리 해내기가 어렵다. 깜짝 놀라는 일이 많다. 커피 같은 카페인 음료를 마시면 잠을 설친다. 폭력적이고 끔찍한 영상을 싫어한다. 상대방의 기분에 휘둘린다. 성별에 상관없이 감성이 풍부하고 눈물이 많다. 다른 사람들은 대수롭지 않게 여기는 것에 대해 불편함을 느낀다.

예민하다는 말을 듣는 사람들이 지닌 특징의 예시다. 예민함과 섬세함은 종이 한 장 차이다. 일레인 아론이 언급한 '매우 민감한 사람들(Highly Sensitive Person)'은 예민하면서도 섬세하다. 앞에서도 말했듯이, HSP의 70%는 내향인이다.

◉ 나는 매우 민감한 사람인가?

HSP의 개념을 고안한 일레인 아론의 홈페이지에서 셀프 테스트를 통해 알아볼 수 있다. 아래 홈페이지의 자가 응답 문항에 열네 개 이상 해당하면 당신은 '아마도' HSP일 가능성이 있다.

⇒ hsperson.com/test/highly-sensitive-test/

세심한 내향인은 조용하고 말수는 없을지언정 행동으로 상대를 배려한다. 본인이 민감하고 상처받기 쉬운 만큼 반대로 타인이 상처받을까 봐 불안해한다. 이런 감정 때문에 대인관계에서 배려의 기준점이 높다. 그러다 보니 본인은 '이 정도 배려는 당연하다'고 생각하면서 행동하지만 상대방 입장에서는 감동받는 경우가 많다. 따라서 이들이 예의 없고 배려심이 부족할 가능성은 매우 낮다. 단, 타인에 대한 배려가 심한 오지랖으로 이어지지 않도록 조심해야 한다. 또한, 자신이 상대에게 베푼 만큼 돌려받으려는 기대는 하지 않는 편이 좋다.

세심한 내향인의 친절함에는 두 가지 마음이 공존한다. 타인을 기쁘게 하려는 마음과 미움받지 않을까 하는 불안한 마음이다. 예를 들어서 세심한 사람은 이메일이든 메시지든 빨리 답을 보낸다. 늦게 응답하면 상대방을 기다리게 하고 좋지 않은 인상을 줄 것 같기 때문이다. 아는 사람을 마주칠 때마다 반드시 인사한다. 먼저 인사하지 않으면 상대방이 당황하고 자신을 미워할까 봐 두렵다. 미운 사람이든 좋은 사람이든 관계없이 예의를 지킨다. 불편한 상황이 발생하면 먼저 사과한다. 시비를 가리기보다는 서로 불편한 상황을 피하고 싶기 때문이다.

또 세심한 내향인은 자기 이야기를 많이 하기보다는 듣는 역할에 더 익숙하기 때문에 더 좋은 대화 상대자가 될 수 있다. '상대방이 말하게 하라'는 경청과 함께 데일 카네기가 가장 강조한 호감의 법칙이다.데일 카네기, 2018주58 그런 의미에서 내향인은 상대에게 말할 기회를 더 많이 줌으로써 호감을 살 수 있다. 물론 가끔 기쁨까지 절제하기 때문에 냉정한 인상을 줄 수도 있지만 부정적 감정도 마찬가지다. 화가 나고 짜증이 나는 상황에서도 내향인은 감정 표현을 자제한다. 이런 특성 때문에 내향인은 심리적 동요가 적은 사람처럼 보이기도 한다.

민감한 사람은 타인의 감정에 공감을 잘 한다

감정에 민감한 사람은 슬픈 영화를 보거나 비극적인 사연을 보면 눈물을 왈칵 쏟는다. 다른 사람의 일에 쉽게 공감한다. 이는 '거울 뉴런' 때문이다.[Andre Solo, 2020주59] 뉴런은 신경계의 기본 단위로, 몸에 신경 신호를 전달한다. 거울 뉴런이 많이 발달한 사람은 하품이 전염되듯이 다른 개체의 움직임에 빨리 반응한다. 이 거울 뉴런이 보통 사람보다 활동적인 사람들은 감정에 대한 공감도가 높다. 매우 민감한 사람들, HSP가 바로 그렇다.

이들은 스스로 예민하게 반응하는 만큼 상대방의 입장도 세심하게 고려할 수 있어서 훌륭한 상담자가 될 수 있다. 모두가 자기 말만 하는 시대에 '내 말을 들어주고 이해해주는 사람'이 될 자질이 있다는 것은 대단한 재능이다. 한편으로는 스스로 민감한 내향인이라고 생각한다면 타인과의 관계에서 공감의 경계를 정해야 하기도 하다. 무조건 타인에게 맞추다 보면 감정의 쓰레기통이 될 수도 있기 때문이다.

HSP와 모든 특성이 같지만 더 심화된 케이스도 있다. 주디스 올로프가 정의한 앰패스(Empath), 즉 '초민감자'다.[Judith Orloff M.D., 2016주60] 이들은 타인의 기쁨과 슬픔을 이해하는 정도를 넘어 타인과 같은 수준의 감정을 느낀다. 타인의 기쁨과 슬픔이 곧 나의 기쁨과 슬픔이다. Crystal Raypole, 2019주61 초민감자 중에는 내향인이 많다. 타인의 감정에 자신이 압도당할 정도로 민감한 사람들이기에 오죽할까 싶다. 이들은 자극에 대한 필터링이 잘 안 되기 때문에 피곤한 심신을 재충전하기 위해 혼자 있고 싶어 한다. 또한 이런 점 때문에 타인의 말을 진심으로 들어주므로 좋은 상담자가 될 수 있다.

◉ 나는 초민감자인가?

초민감자(Empath)의 개념을 고안한 주디스 올로프의 홈페이지에서 셀프 테스트를 통해 알아볼 수 있다. 아래 홈페이지의 스무 개 자가 응답 문항에 열다섯 개 이상 해당하면 당신은 초민감자이다.

⇒ drjudithorloff.com/quizzes/empath-self-assessment-test/

세심한 감수성은 창의성의 원천

앞서 언급한 제롬 케이건의 기질에 대한 실험을 떠올려보자. 민감한 아기는 그렇지 않은 아기보다 세상을 강렬하고 극적으로 인식한다. 빛, 소음 등 감각이 자신을 압도하기에 처리해야 할 정보의 양 또한 많다. 이 때문에 민감한 사람은 선천적으로 고군분투하는 삶을 산다. 섬세하고 상처받기 쉬운 이들은 자신의 민감성에 창의성을 불어넣어 작품으로 승화하기도 한다. 그들의 글, 음악, 그림 등등은 많은 사람들에게 감동을 준다. 예민한 만큼 극적인 감각으로 뛰어난 표현을 할 수 있기 때문이다. 민감한 사람을 묘사한 펄 벅의 아랫글은 이를 잘 나타내고 있다.

> "비정상적이고 비인간적으로 예민하고 세심하게 태어난 인간, 그들에게 손길은 타격이고 소리는 소음이고, 불행은 비극이며, 기쁨은 황홀감이며, 친구는 연인이며, 연인은 신이고, 실패는 죽음이다."
> – 펄 벅Theodore F. Harris, 1971주62

펄 벅에 의하면 민감한 사람은 '잔인할 정도로 섬세한 유기체'다. '음악, 시, 책, 건축물 등 무엇이든 의미 있는 것을 창조하지 않으면 숨결이 끊어진다'라고 말한다. 다른 사람이 보고 듣지 못하는 것을 느낄 수 있다. 따라서 이들은 비범한 방식으로 자신만의 창조성을 발휘한다. 깊은 감정과 세세한 특징을 관찰하며 정보를 강렬하게 처리한다. 화가, 음악가 등 예술가들에게 섬세함과 민감함은 창조적 표현을 위한 중요한 능력이다. 어렸을 때부터 내성적이었던 화가 반 고흐가 그 예다. 그의 감수성과 민감한 내면세계는 〈별이 빛나는 밤〉, 〈아를르의 포룸 광장의 카페 테라스〉, 〈해바라기〉와 같은 작품들에서 격정적인 색채로 나타난다.

아티스트의 민감성과 내향성은 분야를 가리지 않는다. 조용히 그림을 그리는 화가뿐만 아니라 노래를 부르고 역동적인 춤을 추는 뮤지션도 그렇다. 팝의 전설 마이클 잭슨은 무대에서는 외향적이고 사생활에서는 내향적이었다. 무대에서 보여주는 폭발적인 모습에 비하면 사생활에서는 믿을 수 없을 정도로 예민했다. 전 지구적 관심을 감당하기에 그는 외롭고 수줍고 민감하고 연약했다. 그와 〈Off The Wall〉 앨범 작업을 함께한 프로듀서 퀸시 존스는 말했다. "마이클은 너무 부끄럼을 타서 가끔은 나를 등진 채로 소파 뒤에 앉아서 노래하기도 했다."Quincy Jones, 2009주63 그는 압도하는 고립과 고독에서 벗어나기 위해 감수성과 고통을 창작으로 승화했다.

마이클 잭슨뿐만이 아니다. 터프함의 상징인 로커들이 사실은 섬세한 성격의 소유자였다는 내용의 이야기들은 만화, 소설 등등에서 자주 등장한다. 제니퍼 O. 그라임스는 이러한 성격적 모순성을 실제로 연구했다. 그는 오즈페스트 등 유명한 록페스티벌의 백스테이지를 찾아갔다. 스물한 개 팀의 뮤지션을 분석한 결과 그들에게서 반대되는 성격특성이 나타났다. 그들에게서 개방성과 민감성, 내향성과 외향성을 동시에 발견한 것이다. 그들은 무대에서는 조명, 소리 등에 민감해지며 지각적으로 풍부해졌다. 하지만 무대 뒤에서는 독서, 글쓰기 등 충전할 수 있는 혼자만의 시간이 필요했다. Scott Barry Kaufman, 2010 [주64] 이런 사례들은 민감함과 창의성, 내향성과 외향성은 서로 연결되어 있음을 잘 보여준다.

매우 민감한 내향인의 특징을 생각하면 슈퍼맨이 떠오른다. 슈퍼맨은 지구의 모든 소리를 들을 수 있으며 무엇이든 볼 수 있다. 감각 능력이 너무 뛰어나서 스스로 제한을 걸지 않으면 고통을 느낄 정도다. 자극에 민감한 내향인이 겪는 고충을 모티브로 한 게 아닌지 의심할 정도로 비슷하다. 슈퍼맨은 유일한 존재지만, 내향인은 어쩌면 인류의 절반 이상을 차지하는 보급형 히어로가 아닐까. 내향인의 세심함과 감각 능력, 공감 능력, 감수성은 사람을 더 선하게 만드는 요소다. 또한 어떤 분야에서든지 고유의 창의성을 발휘하는 힘이 된다.

생각하는 힘, 지적 사고의 토대

천천히 느리게 생각하는 내향인의 뇌

앞서 내향인과 외향인을 비교하면서 서로의 뇌가 다르다는 사실을 알아보았다. 그중 한 가지는 내향인과 외향인이 서로 다른 신경 경로를 사용한다는 사실이다. 외부 세계로부터 자극을 받을 때 내향인은 아세틸콜린, 외향인은 도파민 경로를 이용한다. 더 정확히 말하면 뇌의 특정 신경전달물질 경로에 더 많은 혈류가 흐른다.[Rachel Suppok, 2016 주65] 또 어떤 차이가 있을까? 외향인이 자극을 받아들일 때 이용하는 도파민 경로는 고속도로다.

네비게이션으로 길을 찾으면 최단 경로에 가깝게 이동한다. 내향인의 네비게이션은 조금 특이하다. 빠른 길을 두고 굳이 오래 걸리는 사잇길로 빠진다. 아세틸콜린 경로는 굽이굽이 돌아가는 골목길이기 때문이다.

◉ 외향인의 도파민 경로와 내향인의 아세틸콜린 경로

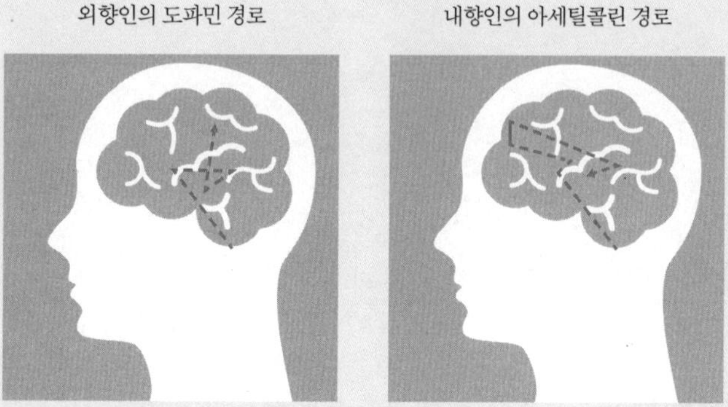

내향인의 아세틸콜린 경로가 의미하는 바는 무엇일까? 어디를 경유하기에 외향인의 도파민 경로보다 길고 복잡한 걸까? 1999년에 연구자들은 양전자 단층촬영법(PET)으로 내향인과 외향인의 뇌 혈류를 스캔했다. 조용히 생각하기 좋아하는 내향인들은 뇌의 앞부분인 전두엽(이마엽)에 혈류가 늘어났다.[Debra]

L. Johnson et al., 1999주66 그에 비해 교류를 즐기는 외향인들은 현재 감각을 해석함으로써 활성화되는 뇌섬엽 혈류가 증가했다. 전두엽에 피가 쏠린다는 건 무슨 의미일까? 전두엽은 의사결정, 결과 예측, 유사점과 차이점 판단 등의 기능을 한다. 이것은 내향인이 이런저런 생각, 즉 지적인 사고를 한다는 뜻이다.Rachel Suppok, 2016

전두엽의 또 다른 특징은 도파민에 민감한 뉴런 농도가 높다는 사실이다. 민감할수록 적은 자극에도 피로감을 느낀다는 점을 기억하자. 내향인이 많은 사람들 속에 있을 경우 지치는 이유가 이 때문이다. 또 내향인의 아세틸콜린 경로는 네 가지 영역을 거친다. 정보가 지나가는 곳이 많으므로 외향인에 비해 정보를 처리하는 과정이 길다. 자극을 받아들이고 생각한 다음 무슨 말을 하고 어떻게 움직일지 결정하는 시간이 오래 걸린다.

◉ 내향인이 외부 자극을 받아들이는 아세틸콜린 경로
Rebecca Beris, n.d.주67

1. 앞쪽 우측 섬엽(The right frontal insular) : 공감, 감정적 사고, 자기반성을 담당한다.

2. 브로카 영역(Broca's area) : 언어 기능을 담당한다.
3. 전두엽(이마엽)의 좌우(The right and left frontal lobes) : 생각과 행동을 계획하고 선택하는 역할을 한다.
4. 왼쪽 해마(The left hippocampus) : 어떤 것이 개인적인 기억인지 선택해서 장기 기억으로 저장한다.

뇌의 전두엽 피질에는 의사결정 및 추상적 사고와 관련 있는 회백질이 있다. 내향인의 회백질은 외향인의 것보다 두꺼운 경향이 있다. 하버드대 랜디 버크너는 회백질 두께에 따른 성향 차이를 이렇게 설명했다. 두껍고 큰 회백질을 가진 사람은 결정하기 전에 심사숙고한다. 그 반면, 회백질이 얇은 사람은 모든 것을 충분히 생각하지 않고 위험을 감수한다.Lecia Bushak, 2014주68 이런 사실을 보면 내향인이 오래 생각하는 데는 충분한 과학적 근거가 있었던 셈이다.

집중력을 높여주는 마법의 물약, 아세틸콜린

활력 넘치는 외향인이 도파민을 추구할 때 내향인은 집에 갈 생각에 설렌다. 아세틸콜린이 주는 쾌락을 느낄 시간이다. 집에 가서 너무 밝지도 어둡지도 않은 조명을 켠다. 적당한 온도로 맞추고 기분 좋은 감촉의 편한 옷으로 갈아입는다. 무엇을 하면 좋을까? 차분한 음악 듣기, 넷플릭스 보기, 독서, 글쓰기, 사색 등 할 일이 많다. 조용히 깊이 성찰하고 생각에 잠길 때 아세틸콜린은 내향인의 기분을 좋게 해준다.

아세틸콜린이 분비되면 마법의 물약처럼 내향인의 집중력은 향상된다. 아세틸콜린은 우리 몸에서 브레이크 역할을 하는 부교감신경계에 메시지를 보낸다. 그 결과 집중력의 방향은 외부 세계에서 내면세계로 바뀐다. 에너지 소비는 줄이고 차분하게 생각에 잠긴다. 이것이 바로 오랜 시간 동안 집중력을 유지할 수 있는 내향인의 능력이다. 만약 외향인이라면 오랜 시간 혼자 있는 상황이 불편할 수 있다. 하지만 내향인은 타인과 보내는 시간이 길어지는 걸 경계한다. 집중력이 떨어지고 심신이 지치기 때문이다. 괜히 가방 속의 책을 꺼내 조용한 카페에서 혼자 읽고 싶다. 잊고 있던 집안일이 하나둘씩 생각나면서 집이 그리워진다.

이 시대의 생존 수단, 생각하는 능력

원시시대에는 사회적 고립이 사형선고와도 같았다. 강가나 나무 밑에서 혼자 조용히 사색을 즐기는 내향적인 원시인을 생각해보라. 가족과 동료 집단이 없는 그를 누가 천적으로부터 보호해주겠는가? 다행히 인류가 진화하면서 사회 시스템이 발달했다. 이제는 자기 할 일만 열심히 한다면 종일 혼자 있어도 사는 데 불편함이 없다. 오히려 오늘날에는 생각하는 능력이 더욱 중요한 생존 기술이 되었다. 쪽지 시험을 보는 학생부터 사무실 책상 앞에서 일하는 직장인에게 사고력은 중요하다. 의사소통할 때를 제외하면 누구나 혼자 공부하고 일하며 생각해야 한다. 그런데도 우리는 혼자보다 함께 일할 때 더 일을 잘할 수 있다고 믿는 경향이 있다.

하버드대학의 한 연구에서 두 명의 피실험자에게 같은 몇 가지 이미지들을 보여주었다. 그런 다음 각자 자리로 돌아가 컴퓨터로 일하게 했다. 한 그룹에는 그들이 같은 일을 하고 있다고 말해주었다. 또 다른 그룹에는 그들이 각자 다른 작업을 하고 있다고 말해주었다. 일주일 후, 두 그룹을 불러서 그들이 봤던 이미지들을 기억해보라고 했다. 과연 어떤 그룹의 기억력이 더 좋았을까? 결론은 흥미로웠다. 개별적인 작업을 하고 있다고 믿은 사람들의 기억력이 훨씬 더 좋았던 것이다. 이 실험은 혼자 생각하는 힘이 얼마나 중요한지를 말해준다. 인간은 본능적으로 여러 사람들과 같은 일을 할 때 열심히 하지 않는 경향이 있으며, 공동 작업은 주의력을 분산시킬 수 있다는 것을 기억해보자.

느리지만 천천히 답을 찾는 내향인의 사고력과 인내력

내향인은 느리지만 정확하게 문제를 해결한다. 심리학자 제럴드 매슈스는 성격에 따라 문제해결 방식이 다르다고 말한다. '빠르고 간편한 방법 vs. 느리고 정확한 방법' 중 어느 쪽을 선호하는지의 문제다. 외향인은 정확성보다는 속도를 선택한다. 그만큼 실수가 잦으며 포기 빈도도 높다. 내향인은 해결할 때까지 오랫동안 문제에 매달린다.[수전 케인, 2012 주69] 단, 내향인의 집중력은 에너지 효율과 비례한다. 한정된 용량이 충전된 배터리와 같다. 혼자만의 시간을 보내며 재충전하기 전까지 조금씩 아껴 써야 한다.

많은 유명인들이 사고력과 끈기를 성공 요인으로 꼽는다. 애플의 공동 창업자인 스티브 워즈니악도 인내력의 중요성을 강조했다. 오랜 시간 컴퓨터를 독학으로 공부한 그는 내향적인 성격 탓에 혼자 집중하는 시간이 많았다. 만약 내향적인 성격이 아니었다면 친구들과 어울리느라 공부할 시간이 없었을 거라고 회고한다.

또 워런 버핏은 집중의 미학을 몸소 실천한 사람이다. 그는 세상에서 가장 성공한 내향인이자 가장 유명한 가치투자자 중 한 명이다. 가치투자가 무엇인가? 저평가 우량주를 찾아내 장기 보유하며 인내하는 것을 말한다. 만 90세의 이 노인은 좋아하는 일 외에는 관심을 두지 않는다. 그것은 바로 독서다. 그는 지금도 하루 대부분을 독서로 보낸다.

1958년에 구매한 집에서 지금도 살고 있는 그는 이미 재산의 99%를 사회에 환원하기로 약정했다. 그에게 성공이란 부의 축적이 아니라 좋아하는 일에 집중하고 지인들로부터 사랑받으며 사는 단순한 라이프스타일이다.

이렇듯 천천히 생각하는 힘, 한 가지에 집중하는 힘은 내향인에게 주어진 선물이다. 비록 앞에서 생각이 너무 많아 괴로운 게 내향인의 단점이라고 언급했지만, 거기에는 다 이유가 있는 법이다. 자신만의 답을 찾을 수 있는 사고력과 지적 능력을 키울 수 있도록 충분히 혼자만의 시간을 보내자. 혼자 생각하는 시간은 꿈에 매진할 수 있는 원동력이 된다. 충분히 생각하고 인내하면 내향적이지만 성공한 작가들처럼 역사에 남을 글을 쓸 수도 있다. 사고력은 학업이든 일이든 원하는 바를 성취하기 위해 매우 중요한 능력이다. 무엇보다도 우리는 편안한 장소에서 차분히 생각에 잠길 때 행복을 느낀다.

독립성, 내가 원하는 게 뭔지 아는 힘

내향인이 독립적인 이유

내향인은 천성적으로 독립적이다. 독립성은 타인에게 의지하지 않고 스스로 결정하고 행동하는 성향이다. 웬만한 일은 스스로 해결하려 한다. 남에게 도움받고 부탁하는 상황을 가능하면 피한다. "제가 알아서 할게요"라고 곧잘 말한다. 남이 나를 챙겨주는 게 달갑지만은 않다. 도움을 받는다는 건 자신의 삶 속으로 타인을 받아들이는 것과 같기 때문이다.

MBTI 전문가 폴 D. 티저는 에너지를 얻고 쓰는 방향으로 이를 설명한다. 외향인은 타인 중심적이다. 외부 세계를 탐색하는 데서 에너지를 얻는다. 그 반면에 내향인은 자기중심적이다.폴 D. 티저, 바바라 배런 티저, 2016주70 타인과의 교제보다는 혼자만의 사색을 즐긴다. 외부의 자극은 즐거움이라기보다는 피하고 싶은 소음이다. 그러다 보니 외향인보다 내향인이 독립적일 수밖에 없는 것이다.

내향인은 바둑을 두듯이 경우의 수를 생각한다. '기브 앤드 테이크', 내가 뭔가를 받으면 주기도 해야 한다. 그런데 문제는 사회적 교류가 늘수록 내향인이 좋아하는 내적 충만함을 만끽할 시간이 줄어든다는 것이다. 그러다 보니 내향인은 친절, 도움, 인정, 칭찬과 같은 보상으로부터 거리를 두며 절제하는 삶을 살게 된다. 해야 하는 일이 있으면 시키지 않아도 알아서 잘한다. 책임을 전가하거나 일을 떠넘기지 않는다. 문제를 풀기 위해 옆 사람에게 질문하기보다는 스스로 답을 찾아낸다.

물론 내향인도 남들의 인정과 격려, 소속감 같은 사회적 보상을 좋아한다. 다만 이러한 보상을 얻기 위해 외향인보다 많은 대가를 치러야 한다는 점이 다를 뿐이다. 타인 중심적인 외향인은 사람들과 친해지는 과정이 자연스럽다. 활발하고 싹싹하고 자신감 있는 모습이 기본값이다. 하지만 내향인은 타인에게 다가가는 것은 물론이거니와 타인이 자신에게 접근하는 것도 쉽게 허용하지 않는다. 타인에게 상처받지 않기 위해 스스로를 보호하기 위해서다.

그런데 이런 성격이 오히려 내향인을 독립적으로 만들기도 한다. 에너지의 방향이 타인 중심인 외향인의 경우 주변 사람들의 영향을 많이 받는다. 그러다 보니 '나만 뒤처지는 게 아닐까?' 하는 생각을 자주 하게 된다. 심하면 강박 장애로 이어지기도 한다. 다행히 내향인은 그런 면에서 좀 무심하다. 주류 문화나 유행에 대한 심리적 압박도 상대적으로 적다.[도리스 메르틴, 2016주71] 권위나 다수의 의견보다는 자신의 생각이 더 중요하기 때문이다. 바로 이런 내향인의 태도는 그들에게 내면의 자유를 선물한다.

사회적인 동물도 독립성이 필요하다

인간은 매우 사회적인 동물이다. 사회적 상호작용은 인류의 조상 때부터 현대까지 생존과 번식 문제를 해결해왔다. 공동생활을 하지 않는 개체는 포식자의 공격으로부터 보호받을 수 없었다. 우리 조상들은 함께 사냥하고 아이를 공동으로 양육하면서 생존율을 높였다. 이렇듯 사회적 행동은 인류가 자원과 경험을 공유하는 방법이었다. 사회적 교류는 인간의 본성이다. 인류학자 로빈 던바에 의하면 그중에서도 특히 스킨십은 인간에게 근본적 요소다.Francesca Gillett, 2020주72 이는 사회적 거리두기가 왜 이렇게 힘든지를 잘 말해준다. 그런데 천적 앞에서 물고기 떼가 뭉치는 것처럼 다수를 따르는 일이 언제나 생존에 유리할까? 꼭 그렇지만은 않다. 단체 OX 퀴즈에서 사람들이 우왕좌왕하는 모습을 떠올려보자. 다수의 사람들이 틀린 답을 선택하면 맞는 답을 선택한 소수의 사람들은 그게 아니라는 걸 알면서도 마음이 흔들린다. 권위 있는 한 사람의 의견이 틀린 걸 알면서도 다수의 사람들이 그대로 따르는 일도 비일비재하다.

이처럼 집단의 결정이 꼭 최선의 의사결정을 보장하지는 않는다. 특히 특정 집단의 이해관계가 걸려 있는 경우에는 오히려 잘못된 결정을 하는 경우가 더 많다. 그런 면에서 보면 무리와 거리를 두는 내향인은 오히려 유리한 점이 많다. 모두가 잘못된 길을 선택할 때도 자신만의 직감을 발휘한다면 휩쓸리지 않을 힘을 갖고 있는 것이다.

『콰이어트』를 쓴 작가 수전 케인은 내향인에게 자기 자신을 존중하고 직감을 믿어야 한다고 충고한다. 우리 내향인들은 그녀의 조언대로 자신만의 스타일을 확립함으로써 세상의 지배적 기준에 휩쓸리지 않을 수 있다.수전 케인, 2012[주73] 비록 목소리는 작더라도 자신만의 생각이 있는 사람을 세상은 필요로 한다.

독립적인 내향인이 되는 방법

독립성을 지키려면 깨어 있어야 한다. 다수의 의견에 무조건 동조하기에 앞서 내면의 목소리를 들어보려고 노력하자. 자신의 취향과 욕망, 가치관이 뭔지 스스로 잘 알고 있는가? 자신만의 기준으로 결정 내릴 수 있는가? 다른 사람의 의견도 받아들일 줄 알아야 하지만 독립성을 지키면서도 올바른 결정을 하려면 우선 자신의 생각이 분명해야 한다. 그러려면 자기가 진짜 원하는 삶이 뭔지를 잘 들여다봐야 한다. 이것은 혼자 있는 시간이 그만큼 필요하다는 뜻이다.

물론 세상은 내향인이 혼자 있도록 내버려두지 않는다. 직장을 예로 들면 무엇이든 함께하는 문화가 일반적이다. 일을 함께하는 것도 모자라 밥도 같이 먹는다. 퇴근 이후나 주말에도 회사일을 하면서 상사와 함께하기도 한다. 하지만 이렇게 이 사람 저 사람에게 나의 시간을 다 빼앗겨버리면 도대체 언제 혼자만의 생각을 할 수 있겠는가?

사회생활을 하면서도 나 자신에 대해 차분히 생각할 수 있는 시간은 분명 필요하다. 또 혼자만의 생각에 빠져서 잘못된 결정을 하지 않기 위해서는 공부도 해야 한다. 특히 나만의 전문 분야가 있어야 한다. 얕은 지식으로는 뚜렷한 주관을 가지기 어렵다. 현재 내가 좋아하는 분야 또는 앞으로 더 잘 알고 싶은 분야를 정하자. 처음에는 큰 욕심을 부리지 말고 넓고 얕게 이것저것 배우고 체험해보도록 하자. 그중에 맞는 분야를 찾았다면 꾸준히 배우고 자신만의 생각과 경험을 축적해나간다.

마지막으로 이야기하고 싶은 건 사회적 고립을 조심하자는 것이다. 독립적인 내향인의 특성을 잘 이용하라는 것이 공동체 사회를 적으로 돌리라는 말은 아니다. 또한, 다른 사람의 의견을 무시하고 자기 의견만 고집하라는 말도 아니다. 내향인인 당신은 타인의 의견을 무시하지 않으면서도 있는 그대로의 자신을 사랑하고 진짜 자신이 원하는 삶을 살 수 있다.

| 4장 |

성격을 바꾸지 않고도 인생을 바꾸는 방법

내가 원하는 게 뭔지부터 파악하자

내가 바라는 행복이란 뭘까?

행복이 뭔지 콕 집어 정의할 수는 없다. 사람마다 행복의 조건은 다르기 때문이다. 내향인에게는 '의미 추구'가 그중 하나가 될 수 있다. 안타깝게도 많은 사람들이 자신이 뭘 원하는지 모른다. 그러면서도 자신이 하고 싶은 것을 하면서 살기를 꿈꾼다. 그렇다면 내가 뭘 원하는지, 내 욕망이 뭔지 제대로 알려면 어떻게 해야 할까?

내향인이 자신의 욕구를 발견하는 첫 번째 방법은 은둔에서 시작한다. 우선 사람들에게서 벗어나 혼자 있을 수 있는 곳으로 가서 숨어라. 차분하게 생각할 준비를 마쳤다면 종이에 나의 삶을 분야별로 나눠서 적어보자. 특히 자신이 관심 가는 분야를 중심으로 적으면 된다. 예를 들면 아래처럼 나눠볼 수 있다. 삶은 단순한 듯하면서도 복잡하다. 건강하기도 해야 하지만 돈도 부족하지 않아야 한다. 사랑, 가정, 우정 등은 돈만 있다고 얻을 수 없다. 또한, 일만 너무 하면 즐거움을 추구할 시간이 없다. 나중으로 미뤄둔 취미나 직업과 병행하고 싶은 개인 프로젝트가 있다면 적어보자.

*** 삶의 다양한 분야들**

건강 / 재정 / 직장(일, 하고 싶은 일) / 사랑 / 인간관계 / 가정 / 취미(즐거움) / 창조

그런 다음 분야별로 이루고 싶은 목표를 적는다. 직장 분야라면 일적으로 이루고 싶거나 도전해보고 싶은 일을 쓴다. 사랑 분야라면 어떤 사람을 만나 어떻게 사랑하고 싶은지를 적는다. 내가 만나고 싶은 사람이 어떤 사람인지 구체화해보는 것이다. 재정 분야에서는 얼마만큼의 돈을 벌고 싶은지 생각해본다.

이런 상상에 빠질 때는 내면의 비판자를 잠재워라. 예를 들어 '좋은 사람을 만나서 행복한 시간을 보내고 싶어'라는 생각을 했다고 치자. 그러면 곧 내면의 비판자가 나타나 '네가 감히 그럴 자격이 있다고 생각해?'라고 말한다. 그는 내가 좋은 사람을 만날 수 없는 이유를 외운 듯이 말해줄 것이다. '넌 매력이 부족하고, 부정적인 성격이라 그런 거랑 안 어울려'라는 식의 말로 상처를 준다. '나도 언젠가 멋진 휴양지에 가서 쉬고 싶다'라고 쓰면 '너한테는 그럴 만한 돈이 없잖아'라는 말로 사기를 꺾는다.

이런 셀프 인신공격의 덫에 걸리지 마라. 부정적인 생각은 흘려보내라. 내가 원하는 것을 이뤘을 때를 상상하며 긍정적인 감정을 음미해보는 것이 중요하다.

중요한 것만 남기고 나머지는 다 버려라

다시 리스트를 들여다보자. 누군가는 건강 영역에 아픈 곳 없이 건강하게 사는 걸 목표로 적었을 것이다. 또 다른 사람은 외모에 중점을 두고 '바디 프로필 도전하기'라고 적었을 수도 있다.

인간관계 부문에서는 모두와 좋은 관계를 유지하고 싶다, 일 부문에서는 직장에서 능력을 인정받아 좋은 평가를 받고 싶다, 사랑 부문에서는 언젠가 좋은 사람을 만나 행복한 가정을 이루고 싶다 등등을 적었을 것이다. 한편 잊고 지냈던 관심 분야에서 제2의 직업을 찾아볼 계획을 적었을 수도 있다. 그런데 정말로 이 모든 것들을 한꺼번에 다 할 수 있을까?

누구나 계획을 세울 때는 최고로 열정적인 사람으로 변한다. 하지만 우리의 에너지는 한정돼 있으므로 일의 우선순위를 정할 수밖에 없다. 그러므로 지금까지 적은 목표 중에서 중요한 것만 남기고 나머지는 버려라. 최대한 가짓수를 단순화해야 한다. 무엇이 중요한지 잘 모르겠다면 '죽음'을 생각해라. 자신이 현재 80세라고 상상해보자. '지금까지 인생에서 잘했다고 생각하는 일은 무엇인가? 또한 얼마 남지 않은 인생에서 이루고 싶은 일이 있다면 무엇인가?'라는 기준을 세우면 무엇을 버려야 하는지가 눈에 보인다.

자, 이제 목표를 최소화했는가? 그렇다면 이제 그 목표를 이루기 위한 행동을 잘게 쪼개라. 그런 다음 1단계부터 시작하면 된다. 이것이 실행력을 높이는 방법이다.

처음 계단에 오를 때 한 발짝씩 내딛던 아기처럼 한 걸음씩 행동에 옮겨야 한다. 일주일에 쓸 수 있는 시간을 고려해서 내가 정한 목표가 적절한지를 점검한다. 계획을 실행하는 데에 방해가 되는 요소에는 어떤 것들이 있는지, 어떻게 장애물을 극복할 수 있을지도 생각해본다.

그러고 나서 감행해보는 것이다. 이후 아무리 사소한 일이라도 이뤄냈다면 나 자신에게 축하의 세리머니를 보내야 한다. 맛있는 음식을 먹거나 자신에게 소소한 선물을 주는 식으로 적절한 보상을 하는 것이다.

아무리 내가 원하는 일이라도 실제로 해보기 전까지는 그 일이 자신에게 어떤 의미인지 알 수 없다. 마크 맨슨의 책 『신경 끄기의 기술』은 이에 대해서 잘 말해준다. 사람들은 바라는 건 많으면서 정작 그것을 이루기 위해 감내해야 할 고통은 잘 생각하지 못한다. 부자가 되어서 돈 걱정 없이 살고 싶은데 당장 절약하는 고통은 못 참는다. 유명한 작가가 되고 싶은데 매일 글 쓰는 것은 싫어한다. 매력적인 상대와 데이트를 하고 싶은데 말을 건넬 용기가 없다. 그러므로 한 발짝 한 발짝씩 실행에 옮기면서 내가 감내해야 할 고통을 온전히 받아들여보자.

내가 하고 싶은 일을 정할 때, 나의 욕망이 정말 삶에 필요한 것인지를 점검할 필요는 있다. 프랑스의 정신과 의사 제라드 마크롱은 우리가 비현실적인 욕망으로 고통받는다고 말한다.제라드 마크롱, 2010주74 어린아이가 장난감 가게 앞에서 떼를 쓰는 이유는 장난감이 꼭 필요해서가 아니다. 손에 넣고 싶은 장난감을 가질 수 없다는 사실이 고통스럽기 때문이다. 혹시 나의 욕망이 이런 종류의 것이 아닌지 한 번쯤 생각해볼 필요가 있다. 또 나의 욕망이 현실적으로 전혀 실현 불가능한 것일 수도 있다. 그것을 구분하고 인정할 줄 알아야 한다.

누구나 꿈을 꾸는 건 자유지만 현실을 혼동해서는 안 된다. 무엇이든 내 뜻대로 이룰 수 있다는 믿음은 비현실적이다. 세상에는 가능한 일과 불가능한 일이 있다. 능력은 무한하지 않다. 인간관계도 마찬가지다. 모두에게 사랑받을 수는 없다. 우리는 모두 특별하고 소중한 존재인 동시에 누군가의 주변인이다. 자기중심적인 사람들 속에서 우리는 중심이 될 수 없다. 각자의 욕망이 양립하는 현실을 인식하자. 그리고 자신의 욕구불만에 적극적으로 대응하자. 한계를 받아들이는 건 포기가 아니다.

오히려 스스로 인생을 결정하는 책임감 있는 태도다.

내가 내향적이라는 것을 있는 그대로 받아들이고 긍정적으로 바라봐야 한다. 지금까지 우리는 외향인 중심적 환경에서 살아왔다. 늘 활기찬 외향인은 여러 가지 일을 거침없이 추진한다. 많은 사람을 만나고 끊임없이 대화하며 에너지를 얻는다. 외향인과 내향인의 차이는 극복해야 할 결점이 아니다. '나는 왜 외향적이지 못할까?', '왜 사람들과 이야기하고 어울리는 게 피곤할까?', '더 빨리, 더 많이, 더 열심히 할 수 없을까?'라며 자신을 부정적으로 바라보지 말자. 실망스러운 부분은 있는 그대로 인정하면 그만이다. 자신의 모습을 인정하지 못하는 사람은 자기비판과 자기부정으로 고통받는다. 그 대신 나는 내향인의 모습 그대로 가치 있는 삶을 살면 된다.

우리의 에너지는 유한하다. 나의 에너지로 소박하고 고요한 삶을 추구하면 된다. 적은 수의 친구들과 깊이 있는 교류를 한다. 의미 있는 일을 찾아 묵묵히 한다. 자신의 내향인 기질을 잘 받아들이면 에너지 레벨과 한계를 알 수 있다. 억지로 외향성 중심의 사회에서 성공하는 사람의 표준에 맞춰 따라가려 하지 말자. 삶의 기준은 내 안에 있다. 인생에서 중요한 가치도 정해져 있는 것이 아니다. 자신의 장점과 한계를 잘 파악하고 자신만의 속도에 맞춰 살아가면 된다.

내향인에게는 내향인만의 행복과 삶의 방식이 있다. 어쩌면 지금까지 몸에 맞지 않는 옷을 입고 있었을지도 모른다. 자신의 욕구를 들여다보고 정리해보자. 그다음으로 그 욕구들이 정말로 나에게 어울리는 일인지 생각해보자. 내향인으로서 할 수 있는 일과 없는 일을 구분하고 한계를 받아들이자. 조절하고 절충하고 타협하라. 내향인다운 자신만의 삶의 방식을 하나씩 정립해나가자. 어떤 삶을 추구하고 어떤 일을 하든지 기준은 내 안에 있어야 한다. 평범한 사람의 특별함은 자신만의 길을 걷는 방향과 그가 추구하는 의미에 있다.

내가 원하는 것에 집중하기 위한 거절의 기술

심리적 저지선을 구축하라

○○ 에너지 관리공단

단순한 삶은 에너지 효율이 높다. 자신의 내향성을 이해하는 사람이라면 에너지 관리가 얼마나 중요한지 알 것이다. 우리가 모두 자신의 이름을 앞에 넣어서 '○○ 에너지 관리공단'이라고 생각해보자. 애먼 곳에 정력을 낭비하지 않고 집중하려면 적절하게 거절할 필요도 있다. 의도치 않게 좋은 사람이 된다고 해도 아무도 당신의 헌신을 알아주지 않는다. 그러므로 '제

울타리는 여기까지입니다'라는 것을 주변에 잘 알려야 한다. 그래야 내 시간과 에너지를 지킬 수 있다.

모든 사람을 위한 나라는 없다. 마찬가지로 나 또한 모든 사람에게 좋은 사람일 수는 없다. 삶에 경계선을 긋겠다고 결심했다면 자신을 소중히 여기겠다고 먼저 다짐해야 한다. 경계를 설정한다는 건 내 삶을 구성하는 사람과 일을 나 스스로 결정한다는 뜻이다. 자신과 맞지 않는 모임에는 나가지 않는다. 같이 있으면 영혼이 빠져나가는 듯이 기를 빼앗아가는 사람은 피한다. 이 두 가지만 잘 실천해도 자신만을 위한 자유의 시공간을 확보할 수 있다.

자신의 '심리적 저지선'을 알고 있는가? 심리적 저지선이란 경제에서 수익률 또는 정치인의 지지율에 쓰이는 개념이다. 다시 말해 '이 밑으로는 더 내려가지 않는다'라는 한계치를 뜻한다. 고점이든 저점이든 한계치를 넘어가면 위험해진다. 내향인에게 심리적 저지선이 될 수 있는 요소들은 아래와 같다. 가장 흔한 예는 약속의 횟수다. 웹툰 작가 '모죠'는 자신의 만화에서 집순이의 약속에 대한 인식을 세 가지로 나눴다. 이틀 간격으

로 떨어진 약속은 '굿 밸런스', 이틀 연속 약속은 '하드코어', 사흘 연속은 '죽음'이었다.[주75]

* 심리적 저지선의 예시

일주일 중 약속 횟수(점심, 저녁 포함).

상대방과 함께 보내는 시간(마지막으로 혼자만의 시간을 보낸 이후로 경과한 시간).

주중 또는 주말에 최소한으로 확보해야 하는 개인 시간.

너무 많은 외향적인 활동(업무 또는 개인적인 활동 포함).

당신은 일주일에 약속이 몇 번 있을 때가 가장 적당하다고 생각하는가? 어떤 사람은 주 1회가, 또 어떤 사람은 2주에 1회가 적당하다고 할 수 있다. 정답은 없다. 사람마다 자신의 경계선을 지킬 수 있는 적당한 기준이 있게 마련이다. 자신의 기준을 정하기 위해서는 스스로에 대해 잘 알아야 한다. 평소의 자기 모습을 돌아보자. 집중하기 위해서 얼마만큼의 여유 시간이 필요한가? 그 시간 동안에 당신은 몇 가지 일을 해낼 수 있는가? 필요 시간과 실행 가능한 일의 가짓수를 구하면 그것에 맞게 활동과 모임을 조절해야 한다.

외향적인 사람에 기준을 두지 말고 자신의 느낌과 삶의 방식을 존중해라. 무언가를 창조하거나 생각에 집중하거나 아니면 완전한 휴식을 취할 수 있도록 기준을 넘어서는 제안에 대해서는 안 되겠다고 말해라. 함께 시간을 보내자고 했든 어떤 일을 해달라고 부탁했든 거절하면 된다. 거절하면 모두가 편하다. 나의 시간과 에너지, 때로는 돈까지 써가며 괴로워하지 않아도 된다. 거절당한 사람도 그의 시간을 아낄 수 있다. 다른 사람을 구하거나 계획을 바꿀 수 있는 여지가 생기므로 나쁘지 않다. 잘 생각해보면 내가 아니면 안 되기 때문인 부탁은 많지 않다.

어떻게 거절할 것인가?

'No means no.' 예전에 미국인 지인에게서 이 말을 처음 듣고 단호한 표현에 깜짝 놀랐던 기억이 난다. 거절하는 방법은 여러 가지지만 단호한 거절은 효과가 가장 확실하다. 의도를 분명하게 전달하면서 여지를 남기지 않아야 한다. 분명하게 거절하는 건 예의 없는 것과는 다르다.

갈 마음이 없는 모임에 초대받았다고 가정해보자. '모임에 누가 오지?', '왜 나한테 오라고 하는 거지?', '안 간다고 하면 어떻게 될까?' 등등 짧은 시간 동안 수많은 생각이 머릿속을 스쳐 지나간다. 그럴 때는 그냥 눈 딱 감고 말해보자.

"죄송합니다. 저는 못 갈 것 같아요."

거절도 승낙도 아닌 모호한 표현은 상대방에게 여지를 남긴다. 그러므로 단호하게 거절하면서 미안하다는 말과 함께 사정을 설명하면 된다. 원하지 않는 모임에 초대받았다면 감사 표시를 하더라도 빈말은 하지 말자.

속으로는 그렇게 생각하지도 않으면서 "다음에 꼭 불러줘"라고 말했다가 또 초대를 받으면 어떻게 할 것인가? 처음부터 관심 있는 티를 내지 않고 "미안하지만 안 되겠어요" 정도로 말하면 될 일이다. 그런데 만약 거절했다가 상대에게 버림받을까 봐 고민이 될 수도 있다. 그럴 때는 한두 번 거절하면서 상대의 반응을 살펴보자. 정말 괜찮은 사람이라면 이해해줄 것이다. 의외로 많은 사람들이 경계선을 인정하고 받아들인다. 물론 부탁을 거절한 이후 사이가 소원해질 수는 있다. 하지만 상대가 경계선을 확인했으므로 그것은 그것 나름대로 의미가 있다. 자신을 소중히 여긴다면 거절해라.

용기 내서 거절하는 것보다 더 두려운 일이 있다. 그것은 제

때 제대로 거절하지 못해서 자신의 성향과 반대의 이미지를 만들어버리는 것이다. 그렇게 되면 남의 부탁을 들어주느라 에너지를 소비하게 된다. 모임에 오라는 말에 거절을 못 하다 보니 파티광은 아닌데 항상 참가하는 모임 마니아가 된다. 거절할 용기가 없는 사람은 이렇게 웃기지만 슬픈 해프닝의 주인공이 된다. 그러다 보면 정신은 피폐해지고 몸에는 피로가 쌓인다. 자신을 위해 쓸 수 있었던 시간과 에너지가 사라짐은 물론이다. 주변 사람들에게 자신의 경계를 표시하지 않았으니 남을 탓할 수도 없다. 그러니 '예스'라고 무심코 말하기 전에 가슴에 손을 얹고 진짜 괜찮은지 생각해봐야 한다.

필요하면 거짓말도 해라

거짓말을 하라니 이게 무슨 말일까? 그러나 사회생활을 하는 사람이라면 거짓말을 하지 않고는 버틸 수가 없다. 속마음은 어서 회식이 끝나길 바라면서 겉으로는 "잘 먹겠습니다"라고 말한다. 속으로는 동의하지 않지만 "맞는 말씀입니다"라며 상대방의 의견에 동조한다. 이런 상황에서 숨김없이 자신의 본심을 말하면 어떻게 될까? 정상적인 직장 생활과 돈벌이가 어려워질 게 분명하다. 거짓말을 할 때마다 죄책감을 느끼는 사람도 있다. 그러나 선의의 거짓말은 자신이 원하는 방향으로 상황을 주도하는 데 꼭 필요한 것이기도 하다.

회사에서 아무리 비싸고 맛있는 메뉴를 먹는다 한들 업무의 연장이라면 부담스럽다. 차라리 혼자서 삼각김밥을 먹는 게 마음 편할 때가 있다. 사람이 싫은 게 아니라 점심시간 내내 타인에게 신경을 써야 하는 상황이 불편하기 때문이다. 그러니 혼자 밥을 먹고 싶을 때는 점심 약속이 있다고 말하는 게 제일 편하다. 밥을 혼자 먹겠다고 하면 괜히 이상한 사람 취급을 받을 수도 있다. 밥을 안 먹겠다고 거짓말하고 혼자 먹으려고 하면 걱정의 말을 들어야 한다. 누군가와 약속이 있다고 대답하면 가장 깔끔하다. 나의 경우에도 그렇게 말한다. 그러다가 나중에 사람들이 알게 됐을 때 '사실 그건 나 자신과의 약속'이라고 장난스럽게 밝혔다. 이제는 회사 사람들도 내가 말하면 또 그 약속이냐며 웃으면서 넘어가준다.

거짓말을 하려면 완벽하게 속이거나 들켜도 웃고 넘어갈 수 있는 것이어야 한다. 서로를 위한 거짓말이므로 기분 나쁜 사람이 없어야 한다. 거짓말을 잘하는 사람일수록 대인관계도 좋을까? 캘리포니아 주립대학의 로널드 E. 리지오가 한 실험에 의하면 그럴 가능성이 있다. 그는 대학생 서른여덟 명을 대상으로 대인관계 기술을 테스트했다. 그와 동시에 거짓말을 얼마나 능숙하게 잘하는지도 검사했다. 실험 결과 남을 잘 속이는 학생이 대인관계 점수도 좋게 나왔다.Ronald E. Riggio, Joan Tucker, 1987주76 이는 바꿔 말하면 대인관계 기술이 좋은 사람이 거짓말도 능숙하게 했다는 뜻이다. 우리 주변에도 뛰어난 거짓말로 좋은 관계를 유지하는 사람이 있을지 모른다.

내향인은 불필요한 갈등을 피하고 싶은 마음 때문에 거절이 힘들다. 타인의 불편한 마음을 귀신같이 알아채는 피곤한 성격도 한몫한다. 상대의 기분을 상하게 하는 일에 죄책감을 느끼기 때문이기도 하다. 그러나 죄책감으로는 좋은 결정을 내리기 어렵다. 짧은 인생에 하고 싶은 일만 하기에도 시간이 모자라다. 그러니 대놓고 거절하기가 어렵다면 적절한 거짓말로 상황을 해결해보자.

오늘도 남 좋은 일만 하다가 하루가 지나가버리진 않았는가? 억지로 사람을 만나고 남의 부탁을 들어주고 있다면 두 가지를 버려라. 첫 번째는 거절에 대한 죄책감이다. 두 번째는 착한 사람이 되어야 한다는 강박이다. 좀처럼 'No'라고 말하지 못하는 내향인이라면 의식적으로 거절하는 법을 연습해야 한다. 자신의 울타리는 자신이 지켜라. 마지막으로 거절이 두려운 사람에게 추천하고 싶은 노래가 있다. '장기하와 얼굴들'의 '거절할 거야'라는 곡이다. 아무리 상대의 얼굴이 어두워져도 자신이 내키지 않는 일은 거절하겠다는 메시지를 준다.

음악 듣기

당신의 내향성을 드러내라

나만의 내향성을 존중하라

'왜 나는 씩씩하지 못하고 자신감이 없을까?', '왜 당당하게 다가가서 말을 걸지 못할까?', '목소리를 크게 내는 게 왜 창피할까?'

내향인은 외향성 중심의 사회를 살면서 자신의 성격에 대해 고민한다. 부모님과 친구 등 주변 사람의 지적에 내향성을 단점으로 여기고 개선하려 한다. 그런데 꼭 내향적인 성격을 고쳐야만 할까? 흔히 고양이는 내향인, 강아지는 외향인으로 비유한다. 고양이가 훈련을 받는다고 강아지처럼 될 수 있을까?

타고난 기질을 스스로 존중하지 않는 것은 고양이에게 개가 되라고 하는 것과 같다. 억지로 외향성을 추구하며 스트레스받지 말고 타고난 나의 성향을 존중하자.

억지로 외향인이 되려고 하지 마라

혼자만의 생활이 길어지면서 타인과의 교류가 그리워진 때가 있었다. 그때 여러 모임에 나가서 다양한 경험들을 두루두루 하게 되었다. 취미 미술, 글쓰기, 달리기 등 다양한 활동을 했는데 그중 가장 힘들었던 건 스포츠댄스 모임이었다. 그곳은 그야말로 외향인들의 집합소였다. 구석에서 혼자 스마트폰을 보고 있으면 패배자가 되는 느낌이 들었다. 스포츠댄스는 다른 남자 멤버들이 파트너를 채가기 전에 적극적으로 나서서 여자 멤버들에게 인사하고 춤을 추자고 해야 한다. 춤추는 동안 간간이 대화를 리드해야 함은 물론 뒤풀이까지 가서 활발하게 교류해야 함은 물론이다. 미국 청춘 영화에 나오는 '너드'의 심정이 이런 걸까? 나 같은 내향인에게는 너무나 힘든 미션이었다.

이렇게 내향인의 단점을 극복해보고자 여러 모임을 전전한 결과, 나는 극도의 피곤함과 자존감 하락을 경험했다. 이제 와서 생각해보면 외향성을 과잉 추종한 대가였다. 이것을 깨달은 다음부터는 글쓰기 모임에 만족하며 다니고 있다. 다 같이 책을 읽고 글을 쓰고 감상을 나누는 것이 내향인인 나에게는 딱 맞는 것 같다. 또 억지로 뒤풀이까지 가려고 애쓰지 않는다. 에너지 충전이 필요할 때는 부드럽게 거절한다. 약속한 시간보다 일찍 도착한 날에는 굳이 모임 장소에 먼저 가서 기다리지 않았다. 가까운 카페에서 머물다가 모임에 도착해서 웃으며 이렇게 말했다. "저는 혼자 있는 걸 좋아해서 근처 카페에 있다가 왔어요."

혼자 있는 걸 좋아하는 것은 단점이 아니다.

이렇게 혼자 있는 것이 좋다고 밝히는 건 치부를 드러내는 게 아니다. 식당에서 못 먹는 음식 재료를 미리 빼달라고 요구하는 것과 같은 것이다. 예를 들어 들깨 알레르기가 있는 사람은 들깨를 빼달라고 미리 이야기하면서 스스로가 열등하다고 생각하지 않는다. 모임에서 사람들에게 나의 내향성을 드러내는 것은 이와 같은 일이다. 혼자 있어야 에너지를 충전할 수 있는 사람은 남들이 이런 점을 먼저 알아주기 전에 스스로 내향성을 잘 드러내보자. 억지로 외향인이 되려고 하지 말고 자신의 내향성을 솔직하게 인정하고 밝힐 때 오히려 삶은 편안해진다.

"오늘은 좀 피곤해서요", "잠을 못 잤더니 졸리네요", "저는 혼자 있어야 진짜로 쉴 수 있거든요", "저는 사람이 많은 모임은 부담스러워요.", "지금은 혼자 있어야겠어요"라는 식으로 표현해보자. 이렇게 표현하지 않고 "저도 가고 싶지만…"이라고 마음에도 없는 이야기를 하면 안 된다. 본심과 반대되는 말을 하면 자신의 내향성을 결점이자 장애 요인이라고 말하는 것과 같다. 내면과 외면의 목소리가 일치할 때 마음이 편해지고 많은 문제를 해결할 수 있다.

나의 기질을 충분히 이해하기

"지금과 다른 삶을 살고 싶다면 안전지대를 벗어나라", "성공하려면 ~해야 한다"라는 종류의 충고들은 내향성을 침범하기 쉽다. "다른 사람의 요청에 거절하지 말고 어울려라", "밖으로 나가서 사람들과 어울려라", "모임이나 파티에 가면 최후까지 남아 있는 사람이 되어라", "혼자 밥 먹지 마라", "먼저 말 걸고 인사하는 사람이 되어라."

흔히들 하는 이런 말들을 들으면 무의식적으로 수긍하게 된다. 그런데 자신만의 가치관, 확고한 생각이 없으면 이런 조언들도 나에게 진짜 도움이 되지는 않는다. 살면서 자기 목소리를 제대로 내본 적이 없는 사람이라면 더더욱 그렇다. 그러므로 자기계발서와 유튜브에서 쏟아지는 조언들을 따르기 전에 스스로에게 이렇게 질문해보자.

'나는 어떤 사람인가?'

이 질문에 답을 찾기 위해서는 혼자만의 시간이 필요하다. 매일 무의식적으로 연락하는 지인들과 시간을 잡아먹는 전자기기를 멀리해라. 세상의 소음에서 벗어날 수 있는 공간으로 도피할 필요가 있다. 안전지대 밖으로 몸을 내던질 용기가 있다고 하더라도 본성은 사라지지 않는다. 내향인은 까다로운 화초를 키우는 심정으로 자신을 돌봐야 한다. 신체적, 정신적 에너지 관리가 중요하기 때문에 자원은 보존하고 고갈되면 재충전해야 한다. 따라서 자극은 되도록 멀리하거나 줄이고 휴식은 가능한 한 늘리는 편이 좋다. 활동량이 한계에 다다르면 멈추고 쉬어야 한다. 때로 사람들은 자신이 어떻게 해야 기운을 차릴 수 있는지 잊어버린다. 노력과 의지가 부족하다고 착각하고 극한까지 자신을 밀어붙이려고만 한다. 하지만 그렇게만 하면 커피와 에너지 드링크로 목숨을 연명하다가 병이 나고 만다. 자신이 내향인이라는 것을 충분히 이해하면 미리 한계치가 보인다. 몸이 고장 나기 전에 미리 스스로 조심하자. 그래야 몸이 급작스레 나빠져서 당황하는 일이 줄어든다.

고독하지만 외롭지는 않아

고독과 외로움은 다르다

고독과 외로움은 비슷하지만 약간 뜻이 다르다. 영어로 고독은 'Solitude'다. 이 단어는 '혼자 있기를 좋아하는'이란 형용사이면서 '(특히 즐거운) 고독'이란 명사이기도 하다. 외로움의 영어 단어는 'Loneliness'로, 사전적 의미는 '외롭고 쓸쓸한'이다. 고독한 상태를 본인이 원한다면 Solitude, 원치 않은 고독으로 외롭다면 Loneliness를 쓰는 게 맞다. 여기서 말하는 고독이란 내향인이 추구하는 혼자만의 즐거움이다. 이때의 고독은 충만하고 창조적인 삶을 살 수 있게 해준다.

자기 자신으로 존재할 때 충만한 삶을 살 수 있다

사람은 성장하면서 다양한 타인을 만나고 인간관계의 진실을 깨닫는다. 그것은 바로 '나는 타인이 될 수 없고, 타인은 내가 될 수 없다'는 사실이다. 우리는 각자 고유한 개인으로 존재한다. 때로는 비슷한 생각과 가치관을 공유하지만, 완전히 서로를 이해하는 두 사람은 존재하기 어렵다. 그리고 그것은 가족이라도 다르지 않다. 아이는 부모의 기대를 거스르면서 자신만의 생각을 세워나간다. 친한 친구와도 다른 의견을 나누면서 차이를 인식한다. 아무리 부모가 아이를 사랑해도 대신 살아줄 수는 없다. 또 아무리 내 이야기를 다 들어주는 좋은 친구라도 대화가 끝나면 다시 나는 혼자가 돼야 한다.

그러므로 혼자 있는 시간, 즉 고독이 중요하다. 나 자신과 나누는 대화가 잘돼야 다른 사람들과의 대화도 잘할 수 있다. 혼자 있는 시간이 행복해야 남들과 함께하는 시간도 행복할 수 있다. 또 혼자 시간을 갖게 되면 자기를 성찰할 시간도 가질 수 있다. 프랑스의 정신과 의사 제라르 마크롱은 고독을 통해 현실을 마주할 수 있다고 말했다. 그는 자신의 저서 『고독의 심리학』에서 말했다.

> 자신이 대단한 존재가 아니라는 인식이야말로 인간으로서 존재한다는 것에 의미를 부여하는 중요한 깨달음이다. 제라드 마크롱, 2010주77

삶의 의미를 추구하는 내향인이라면 공감할 수 있는 대목이다. 한계가 뚜렷하고 타고난 능력도 뛰어나지 않은 '나'라는 사람이 사는 의미는 무엇일까? 고독을 통해 자신의 삶을 바라보고 알아차릴 수 있다면 그 의미를 찾을 수 있지 않을까?

내가 진짜 원하는 게 뭔지 알아내는 방법

어려서부터 자기 목소리 내는 법을 배우지 못한 채 자란 아이가 있다. 내향적이고 순종적인 이 아이에게는 부모님이나 선생님의 말씀이 곧 인생 가이드가 된다. 내키지는 않지만 그렇다고 자신이 뭔가를 선택할 수가 없다. 자신이 원하는 게 뭔지 스스로도 잘 알지 못하기 때문이다. 이 아이의 경우 부모가 원하는 직장에 들어간 이후에 문제가 발생하는 경우가 많다. 스스로 생각해서 선택한 인생 경로가 아니기 때문이다.

'무엇 때문에 이렇게 끝없이 자기계발을 하고 있는 걸까?', '왜 지금보다 더 나은 사람이 되어야 하는 걸까?' 하면서 삶에 회의를 느낀다. 혹은 지나치게 다른 사람의 시선을 의식하면서 살게 된다. 남들에게 잘 보이기 위해 옷을 고르고, 맛집을 가고, 운동을 하면서 SNS에 업로드하느라 바쁘다. 어쩌면 중년이 되어서도 부모님 혹은 다른 권위자의 의견에 의존한 채로 살아갈지도 모른다.

그렇다면 어떻게 해야 할까? 내가 진짜 원하는 게 뭔지 알아내려면 어떻게 해야 할까? 이때 필요한 것이 바로 '고독'이다.

잠깐이라도 타인이 아니라 나 자신에게만 집중하는 시간을 가져보자. 차분하게 내가 진짜 원하는 게 뭔지 생각해보자. 이런 시간을 자꾸 반복하다 보면 차츰 남들에게 덜 신경 쓰게 된다. 또 고독한 상태에서는 내 모습을 남에게 보여주기 위해 신경 쓰지 않아도 된다.

'나는 완벽하지 않다. 그러나 그렇다고 해서 나의 가치가 깎이는 건 아니다. 나는 지금 내 모습 그대로를 사랑한다.'

고독의 시간에 이렇게 되뇌어보자. 고독을 통해 긍정적인 나를 만나고, 내가 내 인생을 책임지겠다고 다짐해볼 수 있다.

자기 인생을 찾기 위해서는 고독이 필요하다

또 한 가지 고독의 좋은 점은 실력을 쌓게 해준다는 것이다. 다른 사람의 방해 없이 오로지 나에게 시간을 쓰게 되면 어떤 일이 일어날까? 수전 케인은 자신의 책에서 스웨덴의 심리학자 안데르스 에릭슨이 연구한 고독의 효과를 설명했다.[수전 케인, 2012주78] 음악가, 운동선수 중에서 월등한 성과를 낸 이들은 '혼자 연습하는 시간'을 가장 중요시했다. 악기 연주가뿐 아니라 팀 스포츠를 하는 선수들도 개인 연습에 무지막지한 시간을 들였다. 그러기 위해서는 혼자 있는 시간이 필수다. 이처럼 고독은 나의 능력을 끌어올리는 계기가 된다.

사실 사회적 동물인 사람에게 고독은 자연스러운 상태가 아니다. 원시시대를 살았던 인류의 조상에게 고독한 내향인은 죽음을 앞둔 사람처럼 보일 것이다. 그들에게 무리 생활에서 이탈한다는 건 생명이 위태로워지는 것과 같은 뜻이었기 때문이다. 하지만 오늘날 우리에게 고독은 삶의 의미를 찾을 수 있도록 도와준다. 또한, 남다른 성과를 낼 수 있도록 이끌어준다.

그런 면에서 고독은 현시대를 잘 살아가기 위한 내향인의 생존 기술이다. 고독을 적절하게 내 삶에 적용하려면 여러 일정으로 하루를 가득 채우지 말아야 한다. 지금까지 당연하다고 생각했던 하루 일과를 남이 아닌 나를 중심으로 재편해보자. 무엇이 중요하고 덜 중요한지를 스스로 정하자. 사람들과 어울리는 시간이 너무 많아진 것 같다면 약속을 줄이는 데 중점을 두자. 다른 사람을 위해 하는 일, 타인을 기쁘게 하기 위한 일은 줄여보자. 그 대신 자신을 즐겁게 만들 수 있는 일을 찾는다. 그 일들로 고독의 시간을 채워나갈 때 진짜 나 자신을 위한 삶을 살 수 있다.

운동, 음식, 수면이 행복의 90%를 좌우한다

운동은 합법적인 마약이다

적당한 강도로 운동한다. 적정량의 음식을 먹는다. 물을 충분히 마신다. 하루에 적어도 7~8시간 이상 숙면을 취한다.

사실 외향인이든 내향인이든 사람이라면 잘 먹고, 잘 자고, 운동만 잘해도 삶의 질이 좋아진다. 자도 자도 피곤하고 몸은 무겁고 속이 더부룩한가? 가라앉아 있는 몸 상태를 끌어올릴 수 있는 건강관리법을 알아보자.

사실 나도 운동을 잘하지는 못한다. 변명을 하자면 이게 다 우리나라 교육 때문이다. 나는 체육 시간이 즐겁지 않았다. 더군다나 내향인인 탓에 다른 아이들과 부대끼는 걸 즐길 수는 없었다. 피구와 축구 시간에 공이 날아오는 것도 싫었다. 실수했다가 선생님과 친구들에게 비난을 받을까 봐 부담스러웠기 때문이다. 개인 종목에도 소질이 없었다. 특히 실기 평가를 하는 날은 끔찍했다. 모두가 보는 앞에서 내가 얼마나 운동 신경이 없는지 발표하는 기분이었다. 그러다 보니 자연스럽게 운동과는 점점 멀어졌다. 수능 시험을 보고 성인이 되고 나서부터는 공부하랴 일하랴 시간이 없었다. 그에 따라 건강은 나빠져갔다. 그러다 '이러다 일찍 죽겠다' 싶은 생각이 들 때서야 운동을 해야 하나 고민하기 시작했다.

정적인 생활에 특화된 내향인이 가장 걸리기 쉬운 질병은 감기가 아닌 의자병이다. 나의 경우에도 취미는 독서와 넷플릭스 감상이요, 직업은 사무직이다 보니 퇴근 후와 주말에는 주로 앉아서 쉰다. 그러다 보니 몸 여기저기가 굳어가는 느낌이다.

WHO가 명명한 의자병은 좌식 생활이 유발하는 여러 가지 질병을 총칭한다. 어깨와 허리 통증, 거북목, 두통, 비만, 고혈

압, 손목터널증후군, 치질까지 다양하다. 온갖 질병으로 고통받지 않으려면 일어나서 몸을 움직여야 한다.

운동을 하면 자세와 눈빛부터 달라진다. 가슴과 등에 살 대신 근육이 붙으면 움츠러든 상체가 펴진다. 허벅지, 엉덩이에 근육이 붙으면 걸음걸이에서 힘이 느껴진다. 본인도 모르는 사이에 주변 사람들이 먼저 느끼고 이야기해줄 것이다. 운동을 하면 몸만 좋아지는 게 아니다. 미국의 운동 생리학자 래리 A. 터커에 의하면, 몸이 좋으면 멘탈도 좋아진다고 한다. 그의 연구 결과 근육량이 많은 사람일수록 삶에 대한 만족감이 높고 정서가 안정적이었다.[Tucker, Larry A., 1983주79] 운동은 뇌에서 기분을 안정시키고 좋아지게 하는 온갖 신경전달물질의 작용을 돕는다. 스트레스는 낮추고 기분은 좋아지게 한다. 합법적 마약이 아닐 수 없다.

◉ 운동, 어떻게 해야 할지 모르겠으면 '7330'과 '130'을 기억하자.
대한체육회, n.d주80

얼마나 자주, 어떤 강도로 운동해야 할지 모르겠는가? 숫자 '7330'과 '130'을 기억하자. 버스노선 같기도 한 두 숫자는 우리나라와 독일

정부에서 열심히 미는 운동 기준이다. 먼저 우리나라의 '스포츠 7330'의 뜻은 이렇다. 일주일(7일)에 3번 이상 하루 30분 넘게 운동하라는 말이다. 최소 30분은 지나야 운동 효과가 있다는 뜻이기도 하다. 독일의 'Trimming 130'은 최대 맥박수의 60% 정도로 운동하라는 뜻이다. 적당히 숨이 차고 땀이 솔솔 나는 수준으로 운동하는 것이 초보자에게 적합하다. 무리하지 않고 즐길 수 있는 강도와 빈도여야 계속할 수 있다.

◉ 어떤 운동을 얼마나 해야 할지 모르겠으면 '100'을 기억하자.

운동을 해야겠다고는 생각하는데 어떤 운동을 얼마나 할지 알려줄 사람이 없을까? 정부 공공기관인 국민체육진흥공단에서 무료로 운영하는 퍼스널 트레이닝 센터가 있다. 가까운 '국민체력100 체력인증센터'를 찾아가면 개인별 체력 수준을 테스트할 수 있다. 나이와 성별에 따라 체력 등급을 알려준다. 등급 외 체력은 참가증을 준다. 그 이상으로 체력이 뛰어난 사람은 3등급부터 최고 1등급까지 인증서를 준다. 체력 테스트를 마친 후에는 전문가가 개인별 맞춤 운동을 처방해준다. 오프라인과 온라인에서 체력증진교실도 운영한다.

⇒ 국민체력100 홈페이지 : nfa.kspo.or.kr

내향인을 위한 운동으로 홈트, 헬스, 스트레칭, 요가, 걷기, 달리기를 추천한다. 금전적 여유가 있으면 기구를 이용한 헬스나 자전거를 타는 것도 좋다. 이런 운동의 공통점은 누구의 눈치도 보지 않고 혼자 할 수 있다는 점이다. 종목 선택은 당신의 자유다. 중요한 건 부담 없이 계속할 수 있는 운동이어야 한다는 것이다. 그렇다면 얼마나 자주, 많이 해야 할까? 『아주 작은 반복의 힘』의 저자 로버트 마우어 방식으로 조언하면 1회, 1분에서부터 시작하면 된다. 전혀 어렵지 않은 강도부터 시작해서 시시하다고 느끼면 시간과 횟수를 점점 늘려간다. 1분 운동에 성공하면 10분, 10분 운동에 성공하면 30분을 운동하라. 뇌가 알아차리지 못하도록 조금씩 운동량을 늘리는 게 포인트다.

◉ **내성적인 사람이자 세계적인 작가인 무라카미 하루키는 달린다.**

하루키는 침묵 속에 달리는 시간을 소중히 여긴다. 그는 몇 시간씩 혼자 글 쓰는 일이 지루하거나 괴롭지 않다고 말한다. 또한, 그는 소설을 쓰는 일을 달리기에 비교한다. 매일 달리기를 하며 몸을 단련하듯이, 글쓰기도 이와 비슷한 육체노동이라고 말한다.

그에게 달리기는 어쩌면 자진해서 선택했는지 모를 고립과 단절을 치유하는 수단이다. 달리기는 내향인에게 잘 맞는 운동이다. 다른 사람과 이야기할 필요 없이 머릿속을 비우고 자신의 감각에 집중할 수 있어서 좋다. 숨은 차지만 몸과 마음이 상쾌해진다. 요즘은 러닝 크루가 인기라서 단체로 달리는 무리도 쉽게 볼 수 있다. 그러나 누구와 함께하더라도, 달리는 순간에는 혼자다.

당이 떨어지는 내향인을 위한 음식과 물

"아이고 당 떨어진다."

점심을 먹어도 오후 서너 시가 되면 몸이 축 처진다. 내향인은 대사 속도가 빠르므로 포도당 수치를 일정하게 유지하기가 어렵다.마티 올슨 래니, 2006주81 음식물을 섭취하면 바로 에너지로 써버린다. 따라서 내향인은 영양소를 온종일 꾸준하게 공급받는 게 중요하다. 삼시 세끼를 잘 챙겨 먹어야 함은 물론 포만감을 유지할 수 있는 간식도 먹으면 좋다. 군것질의 유혹을 참기에는 허기가 져서 힘들다. 에너지를 보충하기 위해 단 음식을 많이 먹으면 당뇨의 위험이 있으므로 견과류나 칼로리가 적은 에너지바를 먹어보자.

또 지구력을 키워주는 탄수화물을 보충해라. 내향인의 에너지 그래프가 우상향하다가 뚝 떨어지는 이유는 연료를 빠르게 소모하기 때문이다. 아끼는 자동차에 고급유를 넣듯이 힘세고 오래가는 음식을 먹어야 지구력이 좋아진다. 사람에게 가장 기본이 되는 영양소는 탄수화물이다. 단, 영양가가 없는 흰밥, 흰 식빵, 과자보다는 복합 탄수화물을 먹어야 좋다. 대체로 맛이 없을수록 몸에 좋다는 속설은 진리다. 흰 식빵보다는 통밀, 흰밥보다는 현미 등 잡곡밥, 채소에 복합 탄수화물이 있다. 몸에 좋은 탄수화물을 먹어야 천천히 흡수되어 쉽게 지치지 않는다.

감정을 차분하게 가라앉히고 싶을 때는 고기 앞으로 가라는 말이 있다. 이 말은 내향인에게도 통한다. 단백질 위주의 음식을 먹으면 아세틸콜린의 저하를 막을 수 있다. 아세틸콜린은 신중함과 집중력을 유지하는 데 필요하다. 다이어트를 한다고 단백질을 제대로 챙겨 먹지 않으면 기억력과 학습 능력이 떨어진다. 단백질을 섭취할 때는 식물성과 동물성 단백질을 골고루 챙겨 먹는 게 좋다. 동물성 단백질은 식물성 단백질에 비해 열량이 높고 포화지방과 콜레스테롤이 많다. 심혈관질환에 걸릴 가능성을 낮추려면 식물성 단백질을 먹어야 한다. 단, 식물성은 동물성에 비해 필수 아미노산이 부족하다. 다음 분류를 참고해서 다양한 단백질을 섭취하자.

* 단백질에도 식물성과 동물성이 있다. 단백질 파우더로 때우기보다 제대로 먹자.

동물성 단백질 – 닭 가슴살, 달걀, 소고기, 돼지고기, 생선, 우유 등

식물성 단백질 – 두부, 콩, 견과류(아몬드, 땅콩, 호박씨), 브로콜리, 케일, 시금치, 퀴노아 등

또 음료수가 아닌 물을 마셔라. 우리 몸의 60~70%가 물이다. 우리 뇌의 70~80%를 구성하는 것도 물이다. 물은 영양소와 산소가 몸 구석구석에 전달되도록 돕는다. 신진대사를 활발히 하고 스트레스 수치를 조절한다. 전문가들은 하루 1.5~2ℓ의 물을 마시라고 조언한다. 그러나 많은 사람들이 물 대신 커피, 탄산음료, 술을 마신다. 하지만 이런 음료는 아무리 마셔봤자 수분 보충이 안 된다. 특히 커피나 차는 만성 탈수를 부를 수 있다. 이뇨 작용으로 마신 양의 1.5~2배에 가까운 수분을 배출하기 때문이다. 게다가 만성 탈수는 목마름 증상이 없으므로 스스로 알아차리기 어렵다. 커피를 달고 살면서 만성피로, 복부 지방 증가, 소화불량과 변비를 겪고 있다면 앞으로는 물을 마셔라.유대영, 김명주, 2020[주82]

제발 잠 좀 자라

지금 내가 사는 곳은 1인 가구들이 모인 대규모 단지다. 건너편 집과 가까워서 밤이 되면 불빛이 환하게 들어온 다른 집들이 보인다. 밤 12시, 새벽 1시가 되어도 깨어 있는 집이 많다. 다들 언제 잠을 자는 건지 궁금하다. 좀처럼 늦게 자기 대결에서 이겨본 적이 없다. 밤잠이 많은 편인 나는 항상 먼저 드러눕는다. 자기 전에 블라인드를 내리지만 그 틈을 비집고 불빛이 들어온다. 혼자 사는데도 마치 동거하는 룸메이트가 스탠드를 끄지 않은 것처럼 느껴질 정도로 불빛이 거슬린다. 이처럼 우리가 사는 도시는 밤에도 빛 공해가 심하다. 이는 좀처럼 깊은 잠에 빠지기 어렵게 만든다.

내향인은 외향인보다 두뇌 활동이 활발하다. 자극을 담당하는 두뇌 영역으로 공급되는 혈류의 양이 외향인보다 많다. 외부 자극에도 예민하고 내면에서 떠오르는 생각도 많다. 나의 경우에도 몸을 뒤척이다 보면 이미 잠들었어야 할 시간이 지나기 일쑤다. 침대 머리맡에는 충전기에 연결된 스마트폰이 자리를 지키고 있다. 왜 책상 앞에서 꾸벅꾸벅 졸다가도 누우면 정신이 또렷해지는 걸까. 잘 때가 돼서야 갑자기 평소에 궁금했던 것들, 재미있는 것들이 생각난다. 여러모로 빨리 잠들기 어려운 환경에서 우리는 살고 있다.

질 좋은 잠을 자기 위해서는 가장 먼저 스마트폰을 치워라. 가능한 한 침대 옆에 두지 말고 멀리 떨어뜨려놓는 게 좋다. 불빛의 차단 역시 중요하다. 창문 밖의 불빛을 철저하게 가려도 집 안 물건들이 문제다. 가습기, 공기청정기, 충전 중인 청소기 등의 미세한 불빛도 수면에 방해가 될 수 있다. 이런 불빛을 모두 차단하는 게 현실적으로 불가능하다면 안대를 쓰는 방법도 있다. 또 습관적으로 마시는 커피와 에너지 드링크, 자양강장제는 카페인 폭탄으로 몸의 긴장도를 높인다. 잠들기 몇 시간 전부터는 의식적으로 절제하는 게 좋다.

그러고 보면 어릴 때부터 엄마가 하신 잔소리에는 다 이유가 있었다. 좋은 음식을 먹고 물을 마시고 잘 자고 운동하는 것. 당연해서 누구나 다 알고 있지만 실천하기 어려운 이 당연한 일들이 삶의 질을 결정하기 때문이다. 특히 병에 걸리거나 외상을 입으면 이를 더 뼈저리게 깨닫게 된다.

영양소의 불균형과 수면 부족이 원인인 만성피로는 나도 모르는 사이에 내 몸을 망가뜨리는 조용한 암살자다. 몸이 힘들어지면 내향인의 장점인 침착함, 섬세함 등등도 아무 소용이 없어진다. 고장 난 다음에 후회하지 않도록 미리 미리 신경 써서 삶의 균형을 잡아야 한다.

직장 스트레스 줄이는 법

조용히 일하는 내향인에게는 죄가 없다

언제 울릴지 모르는 인터폰, 갑작스러운 상사의 호출로 회사에서는 늘 긴장 상태다. 점심시간엔 팀원들과 식사를 하거나 외근을 하느라 혼자 있을 수가 없다. 퇴근 무렵엔 예고 없는 번개와 회식이 기다린다. 등을 보인 채 일하는 사무실은 내 모니터 화면이 뒤에서 훤히 보인다. 입사의 기쁨은 짧고 사회생활은 영원하다. 자기소개서와 면접에서 '외향적인 척' 사기 친 대가를 치르는 걸까? 부끄럽지만 입사 초기에 엘리베이터 대신 계단을 이용한 적이 있다. 운동을 위해서가 아니라 사람을 마주치기 싫어서였다. 일은 힘들고 존재감은 낮은 힘든 나날들이었다. 다시 입사 0년차로 돌아간다면 나 자신에게 말해주고 싶다. "내성적인 성격은 단점이 아니야. 시간이 해결해줄 거야."

"정우가 이런 애인 줄 알았으면 안 뽑았을 거야."

입사 초기에 나를 평가했던 면접관 선배가 농담조로 말했다. 면접 때 보여줬던 모습은 온데간데없이 내성적으로 변한 후배 때문이다. 분명 이상한 일이다. 거의 모든 직원이 입사 전까지는 외향인이다. 자기소개서 속 에피소드는 패기가 넘친다. 게임 면접에서는 면접관의 눈에 띄기 위해 옆 사람과 어깨동무하고, 뛰고, 소리친다. 내향성에 대한 부정적 인식 때문에 본모습을 숨긴다. 하지만 역시나 오래가지 못한다. 입사 후에는 언제 그랬냐는 듯이 자신의 원래 모습으로 되돌아간다. 나 역시 내향적이기로 유명한 직원이 되었다. 수년 후, 여전히 내향인인 나는 오늘도 회사에 출근한다. 직장 생활, 큰 문제없다.

"너도 이제 말도 편하게 하고, 다른 팀 가서 이야기도 하고 그래라.", "회사 분위기가 너무 도서관 같으면 안 된다." 조용히 앉아서 일만 하는 후배가 답답한 나머지 선배들이 해준 조언이다. "네가 먼저 밥도 사달라 그러고 술도 마시자고 해야 한다." 외향적인 선배들은 물론 동기들조차 나에게 이런 조언을 해주었다. 안타깝게도 내향인이 따라 하기에는 본성을 거스르는 행동들이었다. 내향인은 타인과 친해지기까지 오랜 시간이 걸린다. 다른 팀 사람한테까지 말을 걸 여력이 없다. 도떼기시장 같은 사무실에서는 도무지 집중이 안 된다. 술을 마시자고 부르는 사람이 없기만을 바란다. 약속은 최소 며칠 전부터 알고 있어야 마음의 준비를 한다.

지나고 보니 직장 생활의 열쇠는 익숙함이었다. 내향인은 낯선 환경에서 새로운 자극에 적응하기까지 시간이 걸린다. 처음 하는 업무에 적응해야 하듯 동료들과 친해지는 데도 시간이 좀 더 필요하다.

하지만 단점만 있는 건 아니다. 분위기를 주도하고 웃음꽃을 피우는 스타일은 아니어도 자기 할 일은 그럭저럭 해낸다. 게

다가 꼼꼼하고 세심한 성격으로 다른 사람이 놓치는 것을 잡아낸다. 스몰토크는 영 어색하지만, 일과 관련한 대화라면 문제없다. 동료들 사이에 분쟁을 유발할 정도로 에너지 넘치는 성격이 아니다. 오히려 갈등을 싫어한다. 보통의 직장인으로서 이 정도면 'A급'은 아니더라도 충분하지 않은가.

"너도 나처럼 다른 사람한테 신경 안 쓰고 자기 할 일 하는 타입이구나."

같이 일하는 선배에게 들은 이 말이 비난보다는 칭찬으로 들렸다. 사람 좋고 성실한 내향인에게 외향성은 굳이 필요하지 않다. 일을 믿고 맡길 수 있는 사람이면 된다. 내향적인 사람이 성실하고 친절하고 배려심도 있다면 같이 일하기에 부족함이 없다. 자연스럽게 부르는 곳도 많고 같이 일할 때마다 호감과 좋은 평판이 쌓인다. 동료들에게 적응하는 것은 시간문제다. 누구나 처음 적응 기간에는 힘이 든다. 자신이 맡은 분야에서 전문성과 신뢰를 쌓는 데 집중하자. 어느 순간 회사에서 필요로 하는 사람이 되어 있을 것이다.

선배가 말 걸기 전에 필요한 말을 건네라

그렇다고 가만히 일만 했을 뿐인데 직장 생활이 살 만해졌다는 건 아니다. 여전히 사회생활은 힘들다. 회사 일은 만만치 않다. 그중에서도 인간관계는 더욱 어렵다. 코로나19로 우리나라에도 재택근무라는 큰 변화가 찾아왔다. 많은 직장인이 출퇴근과 대면 업무로부터의 해방에 환호했다. 그런데 재택근무가 꼭 좋은 것만도 아니다. 사회적 거리두기 단계가 내려가자 많은 사람들이 자발적으로 출근을 택했다. 아무래도 비대면 근무가 불편한 점이 많았기 때문이다. 결국, 우리는 사회적 동물이기 때문에 사람들과 협업하는 방법을 배워야 한다. 회사에서 인간관계 때문에 고민이라면 공격이 최고의 방어라는 말을 기억해보자. 싸움에도 '선빵 필승'이란 말이 있다. 그러니 회사에서 가능한 한 말을 줄이고 싶다면 역으로 먼저 필요한 말을 건네면 된다. 출근해서 퇴근할 때까지 의사소통이 제로라면 뭔가 문제가 있는 것이다. 회사라는 공간은 누군가 당신의 연락과 보고를 기다리고 있는 곳이다. 동료와 상사는 AI가 아니다. 내가 먼저 말하지 않으면 내가 무슨 일을 어떻게 하는지 알아주지 않는다. 인터넷 쇼핑을 예로 들면, 새벽 배송으로 주문한 제품은 굳이 배송 조회를 하지 않는다. 배송에 3~5일이 걸리는 상품을 몇 번이고 배송 조회한다. 회사 일도 마찬가지다. 알아서 빨리 상황을 보고하는 사람에겐 굳이 말을 걸지 않는다. 시작-중간-완료 단계를 상사에게 시의적절하게 내가 먼저 보고하자.

나의 업적을 은근히 알려라

류준열 주연의 영화 〈돈〉을 보면 증권사 브로커인 주인공의 사무실이 나온다. 모두가 볼 수 있는 화면에 직원별 거래대금과 수수료 실적을 실시간으로 집계해서 보여준다. 이런 특수한 환경을 제외하면 어떤 직원이 어떤 성과를 올리고 있는지 제삼자는 잘 모른다. 자신이 내향적인 직장인이라면 다양한 방식으로 본인의 업적을 알려야 한다. 상사와의 소통을 두려워하지 마라. 종종 팀이 어떤 목표를 추구하고 있는지 물어라. 잘한 일이 있다면 밝혀라. 말하기 부끄럽다면 자료로 보고할 때 본인이 성취한 내용을 은근히 어필해라. 좋은 아이디어가 있으면 "혹시 이렇게 하면 어떨까요?" 하고 이야기를 꺼내라. 상사와의 소통 빈도가 늘수록 당신의 존재감은 커질 것이다.

마지막으로 직장 동료와 담쌓고 지내지 마라. 소통해서 좋은 관계를 맺고 평판을 쌓는 게 좋다. 그는 당신 옆에 있다가 6시가 되면 퇴근하는 사람이 아니다. 평가를 잘 받기 위해 싸워서 이겨야 하는 경쟁 상대도 아니다. 같은 배를 탄 동료이자 도움을 주고받는 버팀목이다. 내성적인 성격으로 자기 일에만 집중하면 팀의 일에는 무관심하다는 인상을 줄 수 있다. 업무, 관심사, 요새 힘든 점 등 편한 주제로 대화를 나눠라. 팀 업무와 관련 있는 전문 자료를 종종 공유하는 것도 좋다. 당신이 팀 전체에 신경 쓰고 있다는 것을 알릴 수 있다.

내향인을 위한 물리적, 심리적 환경 만들기

몸과 마음이 조금이라도 편한 상태로 일하려면 무엇보다 환경이 중요하다. 안타까운 일이지만 직급이 높을수록 개인 공간을 보장받는다. 평직원은 자신의 모니터 화면이 공개된 채로 일해야 한다. 도대체 이런 책상 배치는 누구의 머리에서 나온 걸까? 게다가 오늘날 공유 오피스 등에서는 칸막이 없는 구조의 업무 공간도 많다. 이것은 공간을 절약하고 소통할 기회를 늘리겠다는 취지에서 나온 것이지만 내향인에게는 끔찍한 구조다. 한 연구에서는 공유 공간이 소음 공해, 갈등, 긴장감을 유발한다고 밝혔다.A. Kaarlela-Tuomaala, R. Helenius, E. Keskinen & V. Hongisto, 2009주83 자극에 민감한 내향인에게는 심리적 거리가 반드시 필요하다. 파티션은 최소한의 배려라 할 수 있다. 그러나 이것만으로는 부족하다.

후배가 회사 어디선가에서 대형 화분을 두 개나 구해왔다. 그는 자기 자리 뒤편에 화분을 놓고 물을 주기 시작했다. 슬프게도 화분은 오래가지 못했지만 훌륭한 사생활 보호 수단이 되어주었다. 사무실마다 환경에 맞는 셀프 보수 작업을 할 수 있다. 가능하다면 책꽂이를 하나 더 사서 책상 위에 올려놓을 수도 있다. 가방이나 책을 쌓아서 파티션처럼 사용하는 방법도 있다. 사무실에 사람이 들어올 때 내 화면이 바로 보이지 않도록 모니터를 돌릴 수도 있다. 혹은 각도에 따라 화면이 보이지 않는 사생활 보호 필름을 붙여라. 사람이 많이 지나다니는 복도 쪽에 책상이 있다면 건의해서 파티션을 높여라. 남의 화면을 훔쳐보는 사람들로부터 자신을 보호할 성벽을 쌓아라.

사무실 소음으로부터 귀를 지켜라. 내향인에게는 집중이 잘

되는 환경이 매우 중요하다. 사무실은 도서관처럼 조용해서도 안 되며, 실제로도 도서관 열람실이 아니다. 누구는 전화하고 누구는 회의하며 누군가는 잡담으로 스트레스를 푼다. 그러나 업무는 누가 대신해줄 것인가? 그럴 때는 귀마개를 사용해보자. 귀마개는 시끄러운 업무 환경에서 일하는 사람들의 전유물이 아니다. 사무실 소음과 사람들의 말소리에서 벗어나고 싶을 때도 필요하다. 귀마개를 끼면 자연스럽게 주변 동료들에게 내가 집중해서 일하고 있다는 사실을 알릴 수도 있다. 상사가 부르는 소리는 간혹 놓칠 수 있지만, 집중력이 상승하는 효과는 굉장하다.

워크 라이프 밸런스를 위한 디지털 파티션도 있다. 통신사마다 있는 투넘버 서비스다. 몇 천 원만 더 내면 이용할 수 있는 이 서비스는 충분히 가치가 있다. 한 대의 스마트폰으로 두 개의 전화번호를 쓸 수 있으므로 개인용과 회사용 전화를 구분할 수 있다. 번호가 두 개면 퇴근 후나 주말 등 업무 시간 외에 걸려오는 전화를 확실히 구분할 수 있다. SNS에 자동으로 회사 사람이 뜨는 것도 막을 수 있다.

또 요즘은 카카오톡 멀티 프로필 기능을 이용하면 프로필도 개인용과 회사용을 따로 저장할 수 있다. 프로필 사진이 바뀔 때마다 회사 사람들에게 설명하고 싶지 않다면 강력히 추천한다.

'회사 – 집'을 벗어나 일탈하라

여러 모임에 나가봐야 자신의 관심사를 알 수 있다

'회사 – 집 – 회사 – 집….'

지금 이런 패턴만 반복하고 있는가? 하지만 아무리 열심히 일해도 회사는 우리의 노후를 책임져주지 않는다. 회사에 다니면서 꼭 자아를 실현하고 행복을 찾을 수 있는 것도 아니다. "요즘 뭐 재미있는 일 있어요?"라고 마주칠 때마다 묻는 팀장님이 있었다. 내가 별일 없다. 별 재미없다고 말하면 그분은 "행복은 회사 밖에서 찾아야지"라고 이야기하곤 했다.

내향인에게 모임은 신선한 자극이 된다. 사람 만나는 일은 피곤하지만, 지금 삶에 뭔가 변화를 주고 싶다면 '회사 – 집'을 벗어나 일탈해보자. 온라인보다는 오프라인, 일대일보다는 소셜 모임을 추천한다. 모임을 선택하기 전에 자신이 지향하는 바를 생각해보자. 취미 또는 자기계발을 하면서 사람도 만나고 싶은가? 아니면 관심 주제를 배울 수 있다면 사람은 만나지 않아도 좋은가? 후자가 목적이라면 굳이 집 밖으로 나갈 이유는 없다. 거의 모든 주제에 대해 스스로 배울 수 있는 온라인 강의가 얼마든지 있다. 그러나 교류가 필요하다면 오프라인 모임에 가야 한다. 그중에서도 소셜 모임이 사람을 만나기에 좋다. 회사 일과 관계된 주제를 파고들어 전문성을 높이고 싶은가? 생계와 관련 없는 영역에 새롭게 도전해보고 싶은가? 혼자 배우는 즐거움 못지않게 다른 사람과 나누는 기쁨도 쏠쏠하다.

여기서 중요한 점은 사람 그 자체가 아닌 모임의 주제다. 친목 모임보다는 특정한 활동을 하는 모임에 가보자. 또한 단발성보다는 느슨하더라도 지속적인 모임이 마음 편하다. 보통 친목 도모를 위한 모임은 뚜렷한 목적이 없다. 비슷한 연령대, 가까운 지역 사람들끼리 만난다. 마음 맞는 사람들과 저녁 번개팅을 하거나 여행을 간다. 즐거운 단체 활동과 술자리가 보장

되어 있다. 하지만 이런 모임은 내향인에게 오히려 긴장감과 피로감을 던져줄 수 있다.

정적인 활동이든 동적인 활동이든 특별한 주제가 있는 모임에 참여해보자.

독서, 글쓰기, 영화 감상, 미술 등은 내향인의 '클래식'한 취미 활동이다. 이런 모임에 나가보면 어렵지 않게 나와 비슷한 내향인을 찾아볼 수 있다. 또, 운동과 같이 동적인 취미를 즐기는 내향인도 많다. 평소 다니는 독서 모임에는 달리기를 좋아하는 사람들의 서브 모임이 있다. 모임이 끝나면 뒤풀이 술자리에서 활발하게 의견을 나누는 모습이 인상적이다. 내향인들이 모인 무리 내에서도 내향성의 정도에 따라 스펙트럼을 형성한다. 스스로 전형적인 내향인이라고 생각했던 사람도 어떤 모임에서는 외향인이 되기도 한다.

◉ **자신의 성향과 맞는 모임은 우연한 계기로 다가온다**

요리, 운동, 독서, 음악 감상, 악기, 자기계발…. 여러 모임을 전전하다 보면 '다음에도 하고 싶다'는 생각이 드는 모임이 있다. 내 경우는 '씀에세이'라는 글쓰기 모임이 그랬다. 내성적인 성격 때문에 친한 친구들과 이야기할 때도 말보다는 글이 편했다. 마침 회사에서도 글 쓰는 일을 하고 있었다. 취미 활동도 하고 일에도 도움이 될까 해서 에세이 모임에 등록했다. 이후 월 1회 느슨한 주기로 모여서 글을 쓰며 사회적 욕구를 충족하고 있다. 그 덕분에 모임에서 새로운 사람들을 만날 수 있었다. 글쓰기라는 취미를 발견한 건 덤이다.

모임 인원은 몇 명 정도가 적당할까? 평소 세 명 이상만 넘어가도 불편함을 느낀다면 대규모 모임은 피해라. 한꺼번에 백 명 이상이 모이는 스포츠댄스 동호회에 간다고 생각해보라. 모임에 참석할 때마다 새로운 사람들에 적응해야 한다. 적은 인원끼리 서서히 친해지고 오래 활동하고 싶어도 초기 적응이 어렵다. 댄스 동호회 중에 인원이 열 명 미만인 곳은 찾아보기 힘들다. 어제 막 시작한 신생 동호회라면 모를까. 역사도 깊고 규모 있는 모임이 무조건 좋지는 않은 이유다. 따라서 사전에 모임의 규모와 활동 인원 등을 미리 파악해야 한다.

사교는 피곤하지만, 사교 없는 모임은 의미가 없다

'어떻게 사회적 욕구를 충족하면서 내향성도 지킬 수 있을까?'

사람을 만나고 싶어 하면서도 막상 만나면 집에 가고 싶은 이중성이 내향인의 딜레마다. 모임에 참석하기 전부터 이런 고민을 하는 건 이해하지만, 본인이 극복해야 할 부분이다. 사람보다는 사람을 만나는 상황에 불편함을 느낀다. 남의 시선에 신경 쓰느라 오히려 진정으로 타인에게 관심을 두지 못한다. 그럴 때는 내가 모임에 참석한 목적이 뭔지부터 생각해보자. 내가 관심 있는 주제에 대해 좋은 사람들과 재미있게 이야기하거나 좋아하는 활동을 함께 즐기고 싶은 것이지 않은가?

어떻게 할 줄 몰라 방어적인 자세를 취하는 내향인이 알아야 할 사실이 하나 있다. 바로 다른 사람들은 당신에 대해 생각만큼 관심이 없다는 사실이다. 당신과 이야기를 나눌 특별한 이유가 없다면 사람들은 당신에게 말을 걸지 않을 것이다. 따라서 온갖 생각으로 복잡한 내향인의 머릿속 시뮬레이션과 현실은 다르다. 상상 속에서 내향인은 낯선 사람에게 말을 걸고 거절당한다. 어렵게 대화를 꺼냈는데 반응이 없어서 당황하는 상상을 한다. 현실은 그렇지 않다. 조용히 아무 행동도 하지 않으면 모임은 별일 없이 끝난다. 그리고 아무리 내향적인 당신이라도 이런 결말을 바라지는 않을 것이다. 집에 갈 때 가더라도, 친구 한 명 정도 생기는 일은 괜찮지 않을까? 자신감을 깎아내리는 내면의 비판자를 극복해라. 그렇지 못하면 어느새 부정적인 생각에 휩싸여 타인의 호감조차 느끼지 못할 수 있다. 인간관계는 차분하게 상식적으로 행동하면 아무런 문제가 없다. 돌아가면서 발언할 기회가 있는 모임이라면 여유 있는 자세로 다른 사람이 잘 들리게 말해라. 다른 사람이 말을 하면 경청해라. 공감이나 칭찬의 말을 건네며 피드백을 해라. 적당한 거리를 지키면서 선을 넘지 않는 커뮤니케이션이 기본이다. 당신의 친구들과 그랬던 것처럼 천천히 친해지면 된다.

글로벌 IT 기업의 AR(증강현실) 부서에 근무한다면 꼭 만들고 싶은 제품이 있다. 내향인을 위한 AR 글래스다. 이 안경을 쓰면 내 앞에 있는 사람의 이름과 인적 사항이 한눈에 보인다. 가능하다면 지난번 모임 때 만나서 했던 이야기까지도! 사람을 만나는 상황 자체에 에너지를 너무 많이 쓰다 보면 정작 무슨 이야기를 나눴는지는 잊어버리는 경우가 종종 있다. 이런 상황에 빠지지 않으려면 진심으로 대화하는 상대에 대해서 관심을 가져보자. 한 명을 정해서 이번엔 그 사람에 대해서만 제대로 파악하겠다고 계획을 세워라. 이름을 물어보고 잘 기억해두었다가 메모를 해두면 더 좋다. 그 사람이 누구고 어떤 이야기를 했는지만 기록에 남겨놔도 다음번 모임에 할 이야기가 있으니 충분한 성과다.

언제든지 도망칠 준비를 해라

모임 참석 전에 마음을 편안하게 만드는 방법은 탈출 계획을 미리 세우는 것이다. 귀가의 골든타임을 놓치면 때는 늦다. 열정적인 사람들에게 붙들려 첫차를 타고 집에 올 수도 있다. 주말 아침에 버스를 타고 신사역에 갈 때 한 클럽을 지나쳤던 적이 있다. 아침 9시쯤 되는 시간에 열기를 뿜으며 클럽에서 나오는 사람들을 보고 충격에 빠졌다. 체력은 둘째치고, 아침형 내향인에 가까운 나는 집 밖에서 날밤을 새우는 일을 상상할 수도 없다. 집에도 못 가고 밤새 사람들과 어울리는 상상을 하면 눈앞이 아찔하다. 적어도 막차가 끊기기 전에는 집에 들어가야 한다.

'더 놀자는 제안을 거절하면 사람들이 나를 미워하지 않을까?' 하고 미움받기 싫어서 자리를 지키고 있는 건 바보 같은 행동이다. 체력과 주의력이 바닥나는 상황에서 꾸벅꾸벅 졸며

애쓸 필요는 없다. 모임을 주최한 사람의 호의에 감사와 미안함을 표시하고 자리에서 일어나라. 가기 전에 인사는 꼭 해야 한다. 아무 말 없이 자리를 뜨면 무례한 인상을 남길 수 있다. "초대해주셔서 감사합니다", "모임 준비하시느라 고생하셨어요", "밤잠이 많은 편이라 이제 집에 가서 자야겠어요. 재미있었습니다" 정도로 표현하면 된다. 분명하게 인사를 남기고 미련 없이 퇴장해라.

모임의 끝이 아닌 중간에도 가끔 밖에 나가서 심호흡해라. 사람들과 이야기하느라 소모하고 있던 에너지를 재충전할 시간이다. 혼자만의 시간을 확보하는 자신만의 작전을 세워라. 집에 가는 길에 방향이 같은 사람이 있다면 곤란하다. 장시간 동안 어색한 대화를 이어가야 할 수도 있다. 친한 사람이 아니라면 적당히 둘러대고 따로 가라. 집까지 한참 거리인데 혼자 가겠다고 말하면 자신을 싫어한다고 오해를 살 수 있다. 주변 가게에 볼일이 있다고 하고 일행을 먼저 보내라. 운동 삼아 조금 걷다가 가겠다고 말하거나, 공유 자전거나 킥보드를 이용하는 것도 좋은 방법이다. 개인용 이동 수단이 있다면 언제든 도망칠 수 있으니 든든하다. 물론 음주 후에는 안 된다.

기혼자라면 애초에 무리하면서까지 모임에 참석할 여유가 없다. 미혼자 중에 개나 고양이를 키우는 사람은 일찍 귀가할 최고의 면죄부를 가진 셈이다. 우리가 화려한 밤 생활을 즐기고 있을 때 그들은 문 앞에서 주인을 기다리고 있다. 개, 고양이의 수면 시간은 보통 15시간 이상이다. 하루 24시간 중에 깨어 있는 시간이 9시간에 불과하다. 이마저도 야행성인 고양이는 사람이 잘 때 가장 활동적이다. 집사와 고양이가 같은 시간에 깨어 있는 시간은 짧다. 사람의 1년은 개와 고양이에게 적게는 7년에서 15년에 해당한다.Animal Health Associates, 2020[주84] 짧은 생을 살다 가는 반려동물과 함께하는 시간을 소중하게 여기자.

혼자 있는 게 편하긴 하지만, 내향인도 기본적으로 사회적 동물이다. 그러므로 고독으로부터 얻는 행복뿐 아니라 좋은 사람과 함께 있을 때 느끼는 행복도 느껴봐야 한다. 나의 시간을 빼앗아가는 모임은 거절하고, 나의 세계를 넓혀주는 모임은 가까이해보자. 아직 자신의 관심사를 발견하지 못한 사람이라면 지금도 늦지 않았다. 다양한 분야를 경험하다 보면 적성을 발견하고 삶에 자극을 주는 사람들도 만나게 될 것이다.

번아웃에 빠지기 전에 무조건 쉬어라

마음의 경고 신호

아차, 연료 경고등에 불이 들어온다. 고속도로를 빠져나와서 가까운 주유소로 향할 것인가, 아니면 경고등이 깜빡여도 20km는 간다는 누군가의 말을 떠올리며 직진할 것인가?

만약 '가다 보면 금방 주유소가 나오겠지' 하는 생각에 가속페달을 밟고 있다면 이것은 에너지가 고갈된 채로 번아웃을 향해 가는 사람과 비슷하다.

이미 바닥을 가리키는 연료계 눈금을 보며 불안한 주행을 계속한다. '아직 괜찮겠지', '이 정도면 버틸 수 있겠지' 하면서 위험 신호를 무시하는 것이다. 그런데 이렇게 하다 보면 어느 순간 모든 에너지가 고갈되어 결국에는 아무것도 할 수 없을 정도로 지쳐버리고 만다. 지친 몸과 마음의 경고 신호를 무시했기 때문이다.

묵묵히 일만 하다가 쓰러진다

"그 친구, 조용하지만 진중하게 일을 잘해."

웬만해서는 불평하지 않는다. 책임감 있게 일을 해낸다. 필요하다면 야근도 감수한다. 입사할 때의 초심을 떠올리며 일할 수 있음에 감사한다. 그다음 날에도 제시간에 출근해서 늦게 퇴근한다. 어제 야근했다는 티를 내지 않는다. 남들보다 근무시간이 배로 늘어나도 어떻게든 일을 해낸다. 자연스레 일을 잘한다는 칭찬도 듣는다. 축구 선수로 치면 매 경기 1골씩 넣으면서 부상을 당하지도 않는다. 감독으로서는 계속 기용하고 싶다. 하지만 이런 사람들 중에는 번아웃 유망주들이 꼭 있게 마련이다.

회사 일은 일종의 제로섬이다. 누군가는 하루 종일 소처럼 우직하게 일하지만 또 다른 누군가는 그냥 행복한 하루를 보내다가 퇴근하기도 한다. 조용히 소처럼 일하는 사람은 '언젠가는 알아주겠지…. 그렇지만 알아주지 않아도 괜찮아'라고 생각한다. 하지만 막상 업무 평가의 계절이 돌아오면 믿을 수 없는 일이 일어난다. 자신을 희생하면서 열심히 일한 대가가 너무나 초라하기 때문이다. 승진할 때가 된 옆자리 선배는 당연하다는 듯이 좋은 평가를 받는다. 퇴근 후 술자리마다 빠지지 않던 동료는 '사바사바'를 잘해서 평가를 잘 받는다. 그러면 '아, 내가 이러려고 열심히 일했나!' 하는 자괴감이 밀려온다.

신입 사원 때는 어떻게든 오기와 근성으로 버텨줬던 체력이 점점 떨어진다. 연차가 쌓이면서 해야 할 업무량은 서서히 증가한다. 그동안 묵묵히 해낼 수 있었던 수준에 도달하기가 점점 벅차다. 이때부터 이미 번아웃이 시작된다. 몸과 마음이 지쳐서 머리로는 휴식을 바라고 있지만 멈출 수가 없다. 그동안 자신의 능력치 이상으로 과중한 업무량을 자처했기 때문이다. 근무 연수는 늘고 직급도 올랐는데 일을 줄이자니 상사 눈 밖에 날까 봐 두렵다. '이제 월급도 오르고 승진하니까 배가 불렀다,

사람이 변했다'라는 오해를 사기도 한다.

그런데 이렇게 일만 하다가는 결국, '번아웃'이 오고야 만다. 본인은 항상 그렇듯 최대치의 출력으로 일한다. 하지만 에너지 효율은 예전만 못하다. 가만히 생각해보면 죽으라고 열심히 일해도 회사에서 잘 알아주지도 않는다. 열심히 노력하는 점을 좋게 봐주기는커녕 단점을 지적하며 더 분발하라고 한다. 그동안 자기 몸만 축내느라 마음도 황폐해졌다. 체력이 바닥나 더는 예전처럼 업무에 헌신하기 어렵다. 아파서 병원을 자주 찾는다. 건강이 진심으로 걱정되기 시작한다. 우울한 감정 상태를 치유하고 싶은 마음에 심리 상담을 받으면서 위안을 갈구한다.

타인의 기대에 부응하고 싶은 마음을 내려놓아라

무리하는 사람은 가만히 있어도 물에 빠진 사람처럼 숨이 차오른다. 어째서 이토록 힘든 걸까? 처음부터 회사 생활이 이렇게 벅차지는 않았을 것이다. 자신의 한계를 모르고 일에 덤비다 보니 어느 날부터 통제력을 잃게 된 것이다.

처음에는 종아리, 다음엔 허리까지 물이 차오른다. 그다음엔

발 디딜 곳이 없을 정도로 깊은 바닥으로 머리까지 풍덩 빠진다. 과로는 당연하고 거의 회사가 삶의 전부인 사람이라면 자신이 이런 상태는 아닌지 한 번쯤 생각해보자.

얼굴만 간신히 물 밖에 내놓고 숨 쉬고 있는 것처럼 불쾌한 느낌이 든다면 번아웃일지도 모른다. 할 수 있는 일을 넘어서 너무 많은 일을 하면서 스스로를 밀어붙이고 있지 않은지 돌아보자. 만약 그렇다면 양손 가득 쥐고 있는 일을 하나씩 내려놓아라. 일은 퇴사하기 전까지 영원히 끝나지 않는다. 어렵사리 일을 해치우고 나면 다음 일이 기다리고 있다. 무리하는 태도가 몸에 밴 사람은 자신의 한계를 생각하지 않는다. 되는 대로 자신을 갈아 넣으며 열심히 일하면서 모든 에너지를 소진해버린다. 상대적으로 덜 급한 일, 덜 중요한 일을 내일로 미루자.

급한 일을 할 때는 다른 사람의 부탁을 적절히 거절할 줄도 알아야 한다. 번아웃에 빠지는 사람은 "못하겠습니다"라고 말하는 자신을 상상하지 못한다. 중요하지 않은 일까지 열심히 하면서 타인의 기대에 부응하려 애쓴다.

또 남을 기쁘게 하려는 마음을 내려놓자. 타인에게 실망감을 안겨준다는 두려움을 극복하면 나를 위한 삶에 가까워진다. 마티 올슨 래니는 내향인의 행동 제한 범위가 불분명한 것은 어린 시절 기억 때문이라고 말한다. 내성적인 성격에 대해 질책당하면서 죄의식과 열등감을 갖고 자란 아이는 자신을 잃어버린다. 부족한 자신을 어떻게 뜯어고쳐야 타인에게 사랑받을 수 있을지만 생각한다. 또는 가족에게 영향받지 않는 척 무심하게 행동한다. 성장한 뒤에도 타인의 기대에 부응하지 않으면 버림받는다는 두려움을 느낀다.마티 올슨 래니, 2006주85 기대를 저버리면 타인의 찡그린 얼굴을 마주해야 한다. 하지만 그 대신 자신을 사랑하는 방법에는 더 가까워진다. 자신의 한계가 자연스러운 것임을 깨닫는다. 앞서도 이야기했지만 고독의 시간을 통해 나 자신에게 물어보자.

> 나는 무엇을 위해서 일하고 있는가? 일에 매몰된 채로 나 자신을 홀대하고 있지는 않은가?

회사 생활, 다 먹고살자고 하는 일이다. 회사에 노동력과 시간을 제공한 만큼의 대가로 월급을 받는다. 사람들과 맛있는 밥도 먹고 커피도 마시고 여가 생활을 즐긴다. 월급은 더 나은 내일을 꿈꿀 수 있는 동기가 된다. 그러나 자신의 체력과 정신을 다 소모할 정도로 과로하면 삶이 피폐해진다. 일하느라 지치고 삶이 고되므로 사람을 만날 정신적 여유와 시간이 없다. 잔뜩 쌓인 스트레스를 해소하기 위해 쉽게 돈을 쓴다. 사람을 만나는 대신 물건을 사들이며 채워지지 않는 공허함을 메운다. 악순환이 반복된다.

에너지 상태를 파악하고 관리해라

에너지를 관리하고 스트레스를 견뎌낼 힘을 키우려면 어떻게 해야 할까? 하루 중 어느 시기에 특히 에너지 소모가 심한지 알아두면 도움이 된다. 출근 직후에는 기운이 없다가 점심시간이 지나야 서서히 에너지가 솟아나는 사람이 있다. 그와 반대로 아침에는 쌩쌩하다가 퇴근 시간이 가까워질수록 컨디션이 뚝뚝 떨어지는 사람도 있다. 자신이 가장 활력이 넘치는 시간대에 정신적으로 집중하는 일들을 처리하자. 그리고 체력이 떨어지는 시간대에는 단순한 일을 하면서 에너지 소모를 최대한 줄이는 것이다. 아침부터 저녁까지 강약 조절 없이 끊임없이 일만 몰아

쳐서 하면 너무 쉽게 지치기 마련이다. 언제 일을 몰아서 해야 하는지, 언제 충전해야 하는지를 스스로 잘 조절해보자.

방전되기 전에 에너지 잔량을 확인해서 조절하는 것도 방법이다. 예를 들어 저녁에 술자리가 있는 날은 혼자 점심을 먹으면서 에너지를 충전해보자. 업무량이 많아 하루 종일 쉴 틈이 없었던 날은 정시에 퇴근하자. 이번 주까지 끝내도 되는 일을 굳이 오늘까지 다 해치우기 위해 과로하지 말자. 내 하루 일정의 대원칙은 어디까지나 '나를 위해서'라는 것을 잊지 말아야 한다. 나의 내면세계를 관리하는 사람은 나 자신이라는 것도 말이다.

나만의 리추얼을 만들자

자신만의 리추얼(Ritual)이 있는가? '의식'이라는 뜻의 리추얼은 자신이 바라는 마음 상태를 만들기 위한 반복적 행위를 말한다. 테니스 선수 라파엘 나달은 서브를 넣기 전에 특이한 행동을 한다. 바지를 잡아당기고 소매와 어깨를 잡아당긴다. 그다음 코를 만지고 한쪽 머리를 귀 뒤로 쓸어 넘긴다. 다시 코를 만지고 반대쪽 머리를 쓸어 넘긴다. 이를 그만의 루틴이라고도 한다. 정해진 행동을 하면서 마음을 다스리는 것이다. 수영선수 박태환은 경기 직전까지 헤드폰으로 음악을 듣는 리추얼이 있다. 내향인을 위한 리추얼은 내향인 본인이 가장 잘 안다. 아래 예시를 보고 지친 마음을 재충전해주는 자신만의 리추얼을 만들어보자.

*** 내향인을 위한 리추얼 예시**

고양이 쓰다듬기, 강아지 안기, 유튜브에 저장해둔 '마음을 안정시키는 플레이리스트' 재생하기, 짧은 명상하기, 회사 밖을 나서는 순간 노이즈캔슬링 이어폰을 끼고 소음 차단하기, 아침에 일어나면 따뜻한 물 한잔이나 차를 끓여 마시기, 매일 정해진 순서대로 집 청소하기, 특정 시간이나 요일마다 먹는 메뉴 정하기, 퇴근하자마자 샤워 후 '팬츠드렁크'(편한 옷차림으로 집에서 혼술을 즐기며 휴식하는 핀란드 문화) 즐기기, 빨래 개기, 물건 정리하기, 한 가지 일을 끝낼 때마다 산책하거나 커피 마시면서 보상받기, 서점에 들러서 책 표지 구경하기, 사람 스트레스가 극에 달할 때 언제든 볼 수 있는 귀여운 사진과 영상 모으기 몸이 고장 난 이후에 쉬면 너무 늦다. 휴식은 그냥 삶의 일부여야 한다. 50분 일하면 10분 쉬어야 한다는 건 모두 잘 알고 있지만, 의외로 이걸 지키는 사람은 별로 없다. 그런데 왜 50분–10분 규칙이 생겼을까? 그것은 인간의 집중력이 50분 이상을 넘기기 힘들기 때문이다. 두세 시간을 훌쩍 넘긴 채로 집중하는 사람은 둘 중 하나다. 완벽한 몰입 상태에 진입했거나 능률이 바닥난 상태이거나. 이렇게 자신을 혹사하면서 일하면 등허리가 굽고 위염에 걸리며 거북목이 된다. 몸이 이렇게 아프면 자연스럽게 마음도 병든다. 그러므로 아프기 전에 먼저 자기를 돌보자. 번아웃에 빠지면 다시 예전 상태로 돌아가기 어렵다.

◉ **번아웃 상태에 빠지는 것을 방지하기 위한 셀프 타이머 사용법**

생산성을 높이는 방법으로 포모도로 타이머를 많이 사용한다. 기본 원칙은 '25분 일하고 5분 휴식'이다. 타이머를 사용하면 5분 휴식을 꼭 지킴으로써 번아웃을 방지한다. 50분 일하고 10분을 쉬든, 25분 일하고 5분을 쉬든, 반드시 뇌에 쉴 시간을 줘야 한다. 시중에서 파는 포모도로 타이머를 사용하거나 스마트폰 앱을 이용할 수도 있다.

내향인에게 마음챙김이 필요한 이유

일상의 평온함을 위한 마음챙김

좋은 걸 알지만 잘 하지 않는 것들이 있다. 운동, 스트레칭, 채식, 물 마시기, 부모님께 안부 전화…. 또 뭐가 있을까? 바로 명상, 그중에서도 마음챙김(Mindfulness)이다. 마음챙김은 '지금', '이 순간'에 주의를 기울이는 수행법이다. 수천 년 전 불교에서 기원한 이 수행법은 현대에 와서 전 세계인에게 사랑받고 있다. 종교에 관심이 없는 사람도 마음챙김을 통해 풍요로운 삶을 살 수 있다. 조용히 주의를 기울일 수 있는 약간의 시간만 있으면 된다.

마음챙김은 "현재 순간을 판단하지 않고 있는 그대로 받아들인다"는 뜻이다. Robert Booth, 2017 주86 의도나 목적의 옳고 그름에 대해 따지지 않는 것이다. 마음챙김 명상은 원어 그대로 '위빠사나' 명상이라고도 부르며 목적은 다음과 같다. U Janakabhivamsa, 1992 주87

> 번뇌를 없애고 마음을 깨끗하게 한다. 슬픔, 근심, 비탄, 정신적 고뇌, 육체적 고통을 극복한다. 마침내 열반에 이른다. 이 모든 것은 고통에서 벗어나는 과정이다.

열반이라는 단어를 보면 나와는 거리가 먼 것처럼 느껴지지만 사실 마음챙김 명상은 임상 치료법으로 이미 사용하고 있다. 이 명상법을 세계적으로 알린 사람은 미국 매사추세츠대 의대 명예교수 존 카밧진인데, 그는 이것을 응용해 스트레스 치료법으로 만들어냈다. 바로 MBSR(Mindfulness-Based Stress Reduction Program)이라는 8주 프로그램이 그것이다. 마음챙김을 포함한 좌선, 요가, 걷기 명상이 실제로 불안, 우울증, 자존감 회복 치료에 크게 도움이 된 것이다. 장문선, 2014 재인용 주88

내향인 중에는 공감 능력은 뛰어난데 정작 자기 자신의 감정에는 둔한 사람이 많다. 스스로를 부정적으로 인식하기 때문에 인간관계에서 스트레스를 잘 받고 속마음을 표현하지 못하니 화가 안으로 쌓인다. 이런 내향인이 마음챙김을 배운다면 '지금 이 순간, 숨 쉬고 있는 나라는 사람은 참 괜찮다'라고 생각하게 되면서 마음이 편안해진다. 앞서 말했듯이 마음챙김은 지금, 이 순간에 집중하기 때문이다.

물론 실패한 짝사랑, 대학 입시, 직장 선택, 말실수, 저녁 메뉴, 곧 다가올 월요일 등등 과거에 대한 자책이나 미래에 대한 불안 등등에 대한 생각을 아예 차단할 수는 없다. 그냥 반응하지 않고 내버려둘 뿐이다. 머릿속을 맴도는 이런 생각들을 따라가지 않고 그저 놓아준다. 그저 관찰할 뿐이다.

그냥 내 몸의 감각에 집중하는 시간

자, 여기까지 읽고 마음챙김 명상을 하기로 마음먹었는가? 그렇다면 가장 쉬운 일부터 시작한다. 우선 집이라면 두꺼운 방석 위나 의자 위에 앉는다. 반드시 가부좌할 필요는 없다. 단,

의자에 앉을 때는 등에서 허리를 떼고 몸을 곧게 세운다. 처음에는 눈을 감지 않고 그냥 내 몸의 감각에 집중한다. 5분에서 10분 정도 시간을 정해서 순간을 관찰한다. 사물을 객관적으로 바라본다(시각). 머무는 공간 안팎에서 무슨 소리가 들리는지 집중한다(청각). 향과 냄새에도 마음을 집중한다(후각). 피부에 느껴지는 온도는 어떤지 주의를 기울여본다(촉각).

감각에 집중하는 동안 어떤 생각이 떠오르는지 알아보자. 책상 위에 있는 물건들을 가만히 바라본다. 책이 있다면 그 책의 외형을 자세히 본다. 간혹 어떤 생각이 들더라도 반응하지 않는다. 곧 생각이 어디론가 사라진다. 다시 다른 곳으로 주의를 돌린다. 물컵에 물이 절반쯤 담겨 있다. 가습기에서 수분을 분사하는 소리가 난다. 고요한 가운데 공기청정기 소리가 들린다. 이 중에 어디에 집중할지 선택할 수 있다. 원하는 곳에 주의를 집중할 수 있어야 한다. 카페, 사무실, 공원에서도 이런 방법으로 주의 집중 연습을 할 수 있다.

마음챙김을 연습하는 동안 어떤 감정을 느꼈는가? 명상은 즐겁고 유쾌한 감정만 남기고 부정적 감정을 없애는 게 아니다. 어떤 감정을 느끼는지와 관계없이 편안함을 유지하는 것이 목표다. 오히려 진정한 마음챙김에는 긍정적인 감정마저 방해가 될 뿐이다. 감정은 일시적이고 덧없는 것이다. 내가 좋은 감정을 느꼈다고 해도 언제까지 지속되지도 않으며, 괴로운 감정이 들면 벗어나기 힘들 때가 많다. 그러니 오히려 어떤 감정이 들든 관심을 주지 않는 편이 낫다. 내 몸이 느끼는 자연스러운 감각에 집중하면 오히려 어떤 감정이든 조용히 흘려보낼 수 있다. 좋은 감정도 다 지나간다고 받아들이면 굳이 행복에 집착하지도 않게 된다.

나쁜 감정도 그것이 현재가 아닌 과거나 미래에서 왔다고 생각하면 더 이상 두렵지 않게 된다. 가장 중요한 건 지금 여기 있는 내 몸과 마음이다.

"생각은 내가 아니다. 감정은 내가 아니다."정민, 2019주89 한때 아침마다 유튜브 '마인드풀tv'에서 나오는 이 말을 따라 하면서 마음을 다스렸던 적이 있다.

얼마 전 업무상 전화로 스트레스를 받고 퇴근하던 저녁에도 마찬가지였다. 그때 바로 '지금 느끼는 불쾌한 감정과 업무에 관한 생각은 내가 아니다'라고 스스로에게 말을 건네자 정말로 위로받는 느낌이 들었다. 그리고 집에 도착할 때쯤에는 다시 평온함을 되찾을 수 있었다.

명상가에 대한 이미지는 대략 이렇다. 양말을 벗고 양반다리를 한 채로 마룻바닥, 풀밭, 심지어는 축축한 바닷가 모래 위에 앉아 있다. 눈을 감은 얼굴은 세상 평온하면서도 행복해 보인다. 왠지 승려복을 입고 있을 것 같다. 이렇게 명상은 우리에게 왠지 멀게만 느껴지지만 사실 명상에는 정해진 시간, 자세, 복장, 장소가 없으며 종교와도 관련이 없다. 주의 사항이 한 가지 있다면 의자에 앉을 때는 등을 의자와 떼는 것이 좋다는 정도이다.

마음챙김 명상을 할 때는 호흡에 신경 써야 한다. 뇌과학자 이시형 박사는 하루 10분이라도 제대로 해야 한다고 말한다. 단전(배꼽에서 자신의 중지 세 마디 정도 아래)에 손을 얹고 등허리에 붙이는 느낌으로 복식호흡을 한다.김남영, 2020 재인용[주90] 호흡을 제대로 할 수 있는 곳이라면 어디에서도 할 수 있다. 단, 중요한 조건은 방해받지 않는 곳이어야 한다는 것이다. 배로 숨을 쉬어야 하므로 명상 전에는 식사를 과하게 하면 도움이 되지 않는다. 편안한 상태로 앉으려면 너무 허리에 조이는 바지 대신 편한 옷을 입거나 벨트를 느슨하게 하면 좋다.

걷기를 좋아한다면 걷기 명상이란 단순한 방법으로 몸에 주의를 기울일 수 있다.[책 콘필드, 2020 주91] 먼저 원하는 만큼 걸을 수 있는 길이의 조용한 길을 선택한다. 편안한 자세로 서서 눈을 감고 깊이 호흡한다. 눈을 떠서 주변을 보며 감각을 느낀다. 다리를 움직이는 느낌, 발바닥으로 땅을 밀어내는 느낌 등을 느낀다. 바닥에서 발을 떼는 느낌에도 주의를 기울인다. 한 걸음씩 걸을 때마다 지금 여기에 존재하는 나 자신을 느낀다. 최소 10분 이상 왕복해서 걷는다. 익숙해지면 쇼핑몰, 서점, 지하철 등 걸을 수 있는 곳 어디에서든지 깨어 있을 수 있다.

명상할 때는 가능한 한 전자기기를 멀리하는 게 좋다. 주의를 집중하는 데 방해되기 때문이다. 단, 주의 집중에 도움이 되는 영상과 음향은 조심스럽게 추천하고 싶다. 유튜브와 네이버 오디오클립에는 명상을 가이드해주는 채널들이 있다. ASMR 음향처럼 집중을 도와주는 콘텐츠도 있다. 적절하게 활용하면 싱잉볼이 없어도 명상에 좋은 음악을 들을 수 있다. 다음에서 다양한 채널별 콘텐츠를 확인해보자.

◉ 마음챙김 명상과 힐링 사운드를 제공하는 카카오의 사회 공헌 프로젝트

— 카카오같이가치 : 카카오에서 여러 명상가들과 협력하여 마음챙김 명상과 힐링 사운드를 무료로 제공한다. 음성과 소리를 듣고 따라 할 수 있는 콘텐츠가 다양하다.(together.kakao.com/mind/mindfulness(마음챙김), together.kakao.com/mind/sounds(힐링사운드))

◉ 명상과 정신건강에 도움이 되는 유튜브 채널들

— 마인드풀tv : 듣고 따라 하는 상황별 명상, 긍정 확언 등을 들을 수 있다. 그 외에 명상과 마음에 대한 질문 답변, 이너피스, 끌어당김의 법칙을 소개한다.

— 명상하는 그녀 : 치유 명상, 싱잉볼 명상, 아침 명상, 불면증 해소 등 상황별 가이드 명상 영상을 제공한다.

— 에일린 mind yoga : 요가가 주 콘텐츠지만 초보자를 위한 명상 가이드, 아침, 저녁, 걷기 명상 등 상황별 명상 콘텐츠를 제공한다.

— 서울시 COVID19 심리지원단 : 코로나19로 심신이 지친 사람들을 위한 마인드셋, 우울 치료법, 마음 안정 등 다양한 정보를 제공한다.

◉ 명상을 도와주는 유료 애플리케이션들[주92]

— 헤드스페이스 : 티베트 승려 생활을 마치고 환속한 마음챙김 전문가 앤디 퍼디컴이 운영한다. 세계적으로 유명하나 한국어 서비스가 제공되지 않는다.

— 마보 : 심리학 전공자 유정은 대표가 운영한다. 마음챙김 명상법, 마음의 안정과 깊은 수면을 돕는 다양한 콘텐츠를 소개한다.
— 캄 : 마음챙김, 연령별 명상, 숙면 휴식, 불안 다스리기, 자존감, 자애와 관련한 명상 콘텐츠를 제공한다. 삼성헬스를 통해 한국어로 이용이 가능하다.

※ 유료 앱은 무료 체험 기간이 끝나면 자동으로 유료로 전환되는 경우가 많으므로 과금을 원치 않는다면 주의하자.

명상의 역사는 수천 년에 이르고 수련 방법이 방대하다. 오래전부터 전해 내려온 것인 만큼 기술과 효과를 짧은 글로 전하기에는 부족하다. 여기서는 마음챙김을 시작하는 사람이 참고할 수 있는 기초적인 방법을 소개했다. 마음챙김의 개념에 마음이 이끌렸다면 관련 책과 영상을 통해 좀 더 자세히 알아보자. 차분하게 명상을 하면서 자신의 마음은 괜찮은지 물어보며 치유하는 시간을 갖자. 온전한 나로 현재에 존재하는 평온함을 느낄 수 있을 것이다.

행복은 감사에서 시작한다

나를 사랑하기만 해도 행복할 수 있다

우리 모두는 '오늘도 무탈한 하루가 되길'이라고 되뇌며 하루를 시작한다. 그러나 바람과는 달리 내 뜻대로 되지 않는 일이 너무나도 많다. 예상하지 못한 문제가 생기면 당황스럽고 열이 오른다. '왜 하필 나한테 이런 일이 일어나는 걸까?' 하고 운명을 탓한다. 그런데 사실 스트레스를 부르는 부정적 사건들은 자신이 어떻게 할 수 없는 경우가 대부분이다. 발생하는 사건 못지않게 그 일에 대응하는 나의 관점과 태도가 행복에 영향을 미친다. 이때 필요한 것이 바로 자기 긍정이다. 자신을 사랑하고 매사에 감사하기만 해도 불행을 이겨내고 행복을 지킬 수 있다.

나는 자기 긍정감이 있는 사람인가?

"있는 그대로의 당신도 괜찮습니다"라는 말은 위안이 된다. 그러나 진정 행복한 사람은 타인의 인정이 없어도 괜찮다. 이미 스스로가 가치 있는 존재임을 알고 있기 때문이다. 이렇게 본인의 존재를 긍정적으로 여기는 마음을 '자기 긍정감'이라고 한다.[이시하라 가즈코, 2020 주93] 자기 자신을 긍정하면 굳이 타인의 평가에 연연하지 않게 된다. 다른 사람에게 의존하지 않으므로 쉽게 외로움에 빠지지도 않는다. 본연의 자기 모습으로 자연스럽게 타인에게 다가가니 사람과의 관계도 즐거워진다.

◉ 자기 긍정을 한마디로 표현한다면?

"나는 지금 이대로도 괜찮아요."

자신을 긍정하는 사람들의 또 다른 특징은 자신의 결점을 알면서도 개의치 않는다는 점이다. 이들은 자신의 단점을 숨기지 않고 있는 그대로 드러낸다. 그리고 그 점이 오히려 인간적으로 보인다. 사람이란 원래 뭔가 빈틈이 있는 사람에게 더 매력을 느끼는 법이기 때문이다.

그에 비해 자기 긍정감이 낮은 사람은 이런 바람직한 관계에 뛰어들지 못한다. 그들은 주로 사람들과 어울릴 준비를 하며 혼자 시간을 보낸다. 몸매가 망가졌다며 헬스장에서 열심히 운동한다. 후줄근한 옷밖에 없다며 쇼핑에 열을 올린다. 사람을 만나려면 돈이 있어야 한다면서 추가 수당을 받으려고 야근한다. 부족한 자신을 완벽하게 보완할 때까지 사람과의 만남을 피하려는 심리다. 이들은 상처받을까 봐 두려운 마음 때문에 사람들과 관계 맺기를 주저한다. 부정적 결과를 미리 걱정하는 이유도 자기 긍정감이 충분하지 않아서다. 자기 긍정감을 높이려면 인정 욕구의 기준을 타인에서 자기 자신으로 바꿔야 한다. 심리 카운슬러 이시하라 가즈코는 이를 '타자 승인-자기 승인' 욕구로 설명한다. 타자 승인은 외모, 재산, 명성 등 타인의 인정을 통해 충족할 수 있는 욕구다. 자기 승인 욕구는 자기 존중, 신뢰, 자부심과 같은 감정을 말한다.

단적인 예로 자부심은 타인이 "자부심을 느껴라"라고 말한다고 해서 생기지 않는다. 자기 생각이 중요할 뿐이다.[이시하라 가즈코, 2020주94] 언제나 내가 중심이 되어 만족감 있는 일을 추구할 때 삶이 즐거워진다.

자신을 질책하는 대신 따뜻한 위로를 건네라

내향인을 비롯한 많은 사람의 내면에는 스스로를 비판하는 목소리가 있다. 이 목소리는 긍정적인 사고보다 부정적 사고가 우리의 내면을 지배할 때 더욱 커진다. '그렇게 살다가 평생 혼자 늙어 죽겠구나!' '네 모습 좀 봐, 누가 너를 좋아하겠어?' 이런 목소리가 말을 걸 때마다 만약 내가 나 자신의 친구나 엄마라면 어떻게 말했을까 하고 생각해보자. 이를테면 "요즘 회사 일이 바쁘니까 힘들지? 지금은 좀 더 쉬어야 할 때야", "네가 옷을 수수하게 입고 다니고 조금 무뚝뚝해서 그렇지, 꾸미고 웃으면 얼마나 괜찮은데"라고 말하지 않았을까? 이렇게 자기 자신에게 따뜻한 위로를 건네보자. 이것이 바로 자기 자비다.

◉ 자기 자비를 한마디로 표현한다면?
"나는 나에게 관대하다."

자기 자비의 3요소는 자신에 대한 친절, 인간 보편성에 대한 이해, 그리고 마음챙김이다. 첫 번째, 뭔가에 실패했을 때 자아 비판을 하지 않는다. 사람은 원래 불완전한 존재이므로 실패를 겪는 것이 당연하다고 받아들인다. 두 번째, 나의 경험이 결코 특별하지 않다는 것, 보편적인 현상이라는 것을 이해한다. 세 번째, 부정적인 감정을 과장하거나 억누르지 않는다. 그렇게 되면 자기 합리화나 자기 연민에 빠지지 않는다.Dr. Kristin Neff, 2020주95

자기 자비는 자존감과 다르다. 자존감은 자신의 사회적인 가치, 능력 등과 관련이 깊다. 자기 자비 없이 자존감만 높은 사람은 남을 깎아내리면서 자신을 높이려 한다. 세속적인 기준으로 우열을 나누기 때문에 실패하게 되면 못난 사람이 되고 결국 자존감도 떨어진다. 그러므로 뭔가 일이 풀리지 않을 때, 실패했을 때 빨리 회복하려면 자기 자비를 연습해보자. 자기가 스스로를 너그럽게 대해야 남들도 그렇게 대해준다.

◉ 자기 자비를 키우는 여덟 가지 방법

텍사스대학 심리학과 교수 크리스틴 네프는 다음 여덟 가지 방법을 제시한다.Dr. Kristin Neff, 2020 주96

1) 고통을 겪는 친한 친구에게 어떤 말을 해줄지 생각해보자. 생각한 답변을 자신에게 하는 말과 비교해본다.
2) 부정적 상황을 상상해보고 나 자신의 고통과 스트레스가 뭔지 알아낸다. 고통이 삶의 일부임을 상기한다. 자신에게 친절해지기 위해 어떻게 해야 할지 자문한다.
3) 내가 나 자신의 가장 소중한 친구라고 가정하고 편지를 써본다.
4) 부드러운 손길로 자신을 어루만진다.
5) 내면의 비평가가 하는 이야기를 긍정적 관점으로 바꿔본다.
6) 자기 자비 일기를 쓴다. 마음챙김과 자기 친절, 인간 보편성의 관점에서 쓴다.
7) 자신이 진정으로 원하는 게 뭔지 생각해본다.
8) 간병하는 일을 하거나 가족을 보살피고 있다면 자신을 위한 시간을 따로 내서 재충전한다.

지금 바로 행복해지는 방법, 감사

이왕이면 맛있는 라면을 먹어라. 갑자기 무슨 소리냐고? 커뮤니티 유머글 중에 '라면을 맛있게 먹는 방법'이란 글을 읽은 적이 있다. 라면을 먹기 전에 자신이 해발 수천 미터의 베이스캠프에 있다고 상상해보자. 텐트 밖은 뚝 떨어진 기온에 폭풍우와 눈보라가 몰아치고 있다. 이런 와중에 당신은 기적같이 반합에 라면을 끓였다. 꽁꽁 언 손으로 라면을 한 젓가락 집어서 입에 넣는 순간 자동으로 방언이 터진다. "어흐흑…(후루룩) 감사합니다…! 정말 감사합니다…!" 이렇게 상상하면서 라면을 먹으면 맛이 없을 수가 없다는 것이다. 해당 유머 게시물에는 당시 재미있다는 댓글들이 달렸다. 나는 그 글에서 감사하는 삶이 얼마나 행복한 것인지를 알게 되었다.

사소한 일에 자주 감사할수록 삶이 행복해진다. 이를 입증하는 두 가지 연구가 있다. 실험 참가자들에게 매주 일어난 일에 대해 글을 쓰게 했다. 한 그룹은 감사한 일, 한 그룹은 짜증 나고 불쾌한 일을 적었다. 다른 한 그룹은 구분 없이 아무 내용을 적었다. 10주 후 감사의 글을 쓴 사람들은 스스로의 삶을 더 낙관적으로 생각했다. 또한, 감사에 집중한 사람들은 다른 그룹보다 운동을 많이 했으며, 병원을 방문하는 횟수도 적었다. 또 다른 연구자는 감사 편지가 행복에 미치는 영향을 조사했다. 타인의 친절에 제대로 감사를 표한 적이 없는 사람이 참가 대상이었다. 참가자들에게 감사 편지를 전달하자 그들의 행복도

는 바로 엄청나게 증가했다. Havard Health Publishing, n.d. 주97

오늘 하루도 무사히 보낼 수 있어서 감사합니다

"저는 감사할 일이 별로 없는데요"라고 생각한다면, 우선 평범하고 소소한 일상에 감사해보자. 생각만 하기보다는 종이에 쓸 때 더욱 분명하게 감사하는 마음을 느낄 수 있다. 제일 좋은 방법은 매일 감사 일기를 쓰는 것이다. 아침에 일어나자마자 서서히 잠을 깨는 동안 명상과 함께해도 좋다. 집을 나서기 전에 '오늘도 좋은 하루를 보낼 수 있어서 감사합니다'라고 생각해보자. 이렇게만 해도 별다를 것 없는 하루가 달라 보이고 기대감이 높아진다. 자기 전에도 '오늘 감사한 일 세 가지'를 적어보자. 정신없이 보낸 하루였지만, 감사할 일이 있었다는 사실에 위안을 느낄 수 있다. 자기 전까지 스마트폰을 보는 타입이라면 감사 일기 앱을 활용하는 방법도 좋다.

행복해서 감사한 게 아니다. 감사하기 때문에 행복하다. 로또에 당첨되거나 큰 부자가 될 때까지 감사를 미루면 행복과는 영영 멀어진다. 감사는 지금 당장이라도 할 수 있다. 그래도 도무지 무엇에 감사해야 할지 모르겠다고 말하는 사람은 그만큼 기뻐할 일이 없기 때문일 것이다. 그럴 때는 내 주변에서 찾을 수 있는 작은 기쁨에 집중해보자.

공원을 산책하면서 내가 마실 수 있는 밤공기를 음미해보자. 나무 냄새와 꽃향기를 맡아보자. 스트레칭을 하면서 자신의 몸에 고맙다고 말해보자. 전화로 시시콜콜한 이야기를 나눌 수 있는 친구의 존재에 감사하자. 기분이 좋은 음악을 들으며, 내 몸에 귀가 있다는 사실에 감사하자. 이렇게 너무나 당연하다고 생각했던 것들에도 감사하면 점점 행복해지는 나를 느낄 수 있다.

고양이,
내향인의 사랑스러운 동반자

내향적인 고양이 집사가 행복한 이유

> 만약 동물이 말을 할 수 있다면 개는 서투르게 무슨 말이든 할 것이다. 하지만 고양이는 우아하게 말을 아낄 것이다.
>
> – 마크 트웨인[펫찌, 2015 재인용주98]

"혹시 '임보'(임시보호)할 생각 있니?" 회사에서 일하던 중 동기로부터 연락을 받았다. 사람 손을 타서 어미에게 버려진 새끼 고양이가 지하 주차장에서 발견되었다고 했다. 얼떨결에 난

생처음으로 고양이 집사가 되었다. 줄무늬 고양이라서 '고등어'라고 이름 붙인 그 아이는 2주 후 보호자를 찾아 우리 집을 떠났다. 든 자리보다 난 자리가 헛헛하다는 사실을 그때 알았다. 그로부터 얼마 후 나는 1인 1묘 가구의 미혼 가장이 되었다. 퇴근할 때마다 현관 타일 바닥 위를 구르며 반겨주는 고양이의 존재에 매일 감사한다. 내성적인 성격의 우리는 서로 많은 대화를 하지는 않지만, 함께 있는 것만으로도 충분하다.

혼자 있는 시간을 좋아하는 내향인에게도 사랑하고 의지할 대상이 필요하다. 반짝이는 눈, 작은 코와 봉긋한 입, 쫑긋한(또는 접힌) 귀, 동그란 머리, 통통한 발…. 아무리 봐도 귀엽다. 힘든 일을 마치고 귀가한 나를 반겨주는 이 작은 친구의 존재는 큰 힘이 된다. 비록 성격은 제멋대로지만 그 점이 특별한 매력이다. 고양이는 자신이 좋아하는 사람에게 자신이 원할 때만 애정을 준다. 불러도 오지 않는 이 도도한 생명체는 가만히 바라만 봐도 기분이 좋아진다. 고양이는 싫겠지만 젤리를 닮은 육구(발바닥)를 만질 때마다 피로가 사르르 녹는다.

내향인과 고양이는 서로 잘 맞는 룸메이트가 될 수 있다. 둘 다 성격이 독립적이며 서로의 영역을 존중한다. 아무리 고양이가 귀여워도 내향인 집사는 혼자 있고 싶을 때가 있다. 그건 고양이도 마찬가지다. 고양이와 같이 살게 되었다면 반드시 방해받지 않을 공간을 마련해줘야 한다. 캣타워와 숨숨집이 필수다. 어쩌면 집 화장실이나 현관을 내줘야 할 수도 있다. 당신의 고양이는 자신이 심심해서 놀고 싶을 때나 쓰다듬어달라고 할 때만 다가올 것이다. 너무 오래 쓰다듬거나 계속 가까이 있으려고 하면 오히려 싫어한다. 귀엽다고 안아주면 특히 싫어한다. 이런 모습은 정말 내향인과 닮았다.

고양이는 사람을 겉모습으로 판단하지 않는다. 내향인이 사회생활을 하며 지켜야 하는 많은 규범은 고양이에게 무의미하다. 창피하지만 고양이와 같이 살면서도 1년 넘게 낯을 가렸다. 샤워하거나 화장실을 쓸 때도 고양이의 시선을 느껴야 하기 때문이다. 그렇지만 이 모든 게 고양이에게 무슨 의미가 있겠는가? 종일 부스스한 머리에 후줄근한 차림으로 있어도 고양이는 개의치 않는다. 오히려 아무 곳에서나 다리를 활짝 뻗고 그루밍을 하는 모습에 사람이 민망할 때가 있다. 아무리 이해심이 많고 성격 좋은 사람이라도 함께 있으면 지켜야 할 선이 있게 마련이다. 하지만 고양이 앞에서는 진짜 내 모습을 100% 보여줘도 괜찮다.

동물과는 대화할 필요가 없다. 혼자 살 때보다 외로움은 덜 하면서도 조용하고 편안하다.Kayla Mueller, 2020주99 우스운 이야기지만, 고양이한테는 "요즘 잘 지내?"라는 말을 억지로 하지 않아도 된다. 내향인은 침묵보다 스몰토크를 해야 하는 상황이 더 무섭다. 내향인과 고양이는 모두 조용한 환경을 좋아한다. 하루에 16~17시간을 자는 고양이는 사람과 반대의 리듬으로 생활한다. 어두운 밤에는 사냥 연습을 하고 나머지 시간 대부분은 잠으로 체력을 비축한다. 고양이와 함께 살면서 늘 틀어놓던 음악 소리를 줄였다. 텅 빈 집을 소음으로 채우지 않아도 더는 외롭지 않아서다.

외향적인 애견인 vs. 내향적인 애묘인

사람의 성격을 개와 고양이에 비유하곤 한다. 개는 외향적이다. 사람을 좋아하고 소리 내 짖으며 감정을 표현한다. 또 주인과 붙어 있기를 좋아한다. 그와 반대로, 고양이는 내향적인 동물의 전형이다. 조용하고 얌전하다. 사람을 가려서 좋아한다.

혼자 숨어 있을 공간이 필요하다. 자신이 애견인 또는 애묘인이라고 생각하는 4565명을 대상으로 한 심리 연구 결과는 짐작대로였다. 고양이 집사 중에서 내향적인 사람이 더 많은 것으로 나타난 것이다. 애견인들은 애묘인보다 외향성, 친화성, 성실성이 더 높았다. 애묘인들은 애견인보다 덜 외향적이며 덜 친화적이고 신경성과 개방성이 높았다.Samuel D. Gosling, Carson J. Sandy and Jeff Potter, 2010주100

애견인과 애묘인은 인구통계학적으로도 다르다. 캐나다에서 집사 6000명을 대상으로 조사한 결과 애묘인 중에 독신이 3분의 1 더 많았다.Stanley Coren PhD. DSc, FRSC, 2010주101 또 단독주택보다 아파트나 다세대주택에 사는 비율이 두 배 더 많았다. 기혼에 아이가 있고 주택에 사는 사람일수록 개를 많이 키웠다. 미혼에 직장이 있는 사람은 손이 많이 가는 개보다는 고양이와 잘 맞는다. 고양이처럼 조용한 동물을 키우는 편이 이웃에 민폐를 덜 끼칠 가능성이 크다. 동물병원을 갈 때가 아니면 거의 외출할 일이 없다. 산책하러 나가서 볼일을 보는 개와 달리 고양이는 집에서 혼자 생활하면서 화장실도 알아서 잘 가린다.

내향인이기 때문에 고양이를 기르는 걸까, 고양이를 길러서 내향적인 성격이 된 걸까? 전보다 집에 머무는 시간이 부쩍 늘었다. 외박과 여행을 거의 하지 않는다. 출장도 가능하면 피한다. 퇴근 후 약속도 사양한다. 모임도 전보다 줄었다. 깜깜한 집에서 나를 기다리고 있을 고양이를 생각하면 자연히 사람이 변한다. 한때 피웠던 담배도 고양이 기관지에 좋지 않다는 말을 듣고 끊었다. 고양이는 성격이 독립적이니 집을 비워도 괜찮지 않느냐고 생각하는 사람은 모른다. 고양이가 얼마나 외로움을 타는지. 퇴근하고 집 문 앞에 서면 벌써 빨리 들어오라고 말하는 듯한 울음소리가 들린다. 고양이 집사가 내향적인 생활을 하게 되는 나름의 변명이다.

나에게 맞는 고양이를 만나는 방법

펫숍에서 고양이를 데려온 집사로서 유기 동물을 생각할 때마다 죄책감이 든다. 생후 2개월을 간신히 넘긴 새끼들이 눈부신 LED등 밑에 종일 진열된 곳이다. 선택받지 못한 아이들은 '공장'이라 불리는 번식장으로 되돌아가기도 한다. 그러면 그들의 엄마처럼 죽을 때까지 원치 않는 임신을 반복해야 한다. 더욱 심각한 문제는 동물을 물건처럼 샀다가 싫증이 나면 버리는 사람들이다. 한 조사 결과에 의하면 2010년부터 10년간 94만 7098마리의 동물이 버림받았다.심영구, 2020주102 10일 안에 주인이 나타나지 않으면 다른 주인을 기다려야 한다. 유기 동물의 49.8%는 고통스럽게 자연사하거나 안락사를 당한다. 많은 사람이 입양을 권하는 이유는 이런 비극을 멈추고 싶어서다.

가게에서 고양이 '사과'를 데려온 이유는 성격 때문이다. 어떤 고양이들은 자길 데려가 달라며 펄쩍펄쩍 뛰었다. 진열장 밖으로 발을 힘껏 뻗는 아이도 있었다. 봐달라고 울부짖고 안기려는 모습이 강아지 같았다. 서너 번째로 둘러본 가게에서 본 한 고양이는 달랐다. 사람의 관심이 부담스러운 듯 등을 돌리고 있었다. 막 젖을 뗀 것 같은 솜뭉치 같은 새끼 고양이였다. 사람들이 귀엽다고 앞발을 잡고 악수해도 어쩔 줄 모르고 가만있는 모습이 천상 순둥이였다. 그 애의 모습에서 나를 발견했다. 혼자 있지 않으면 사람들에게 기를 빼앗기는 천상 내향인의 모습이었다. 집에 돌아오고 나서 며칠이 지나도 그 애가 눈앞에 아른거렸고, 결국 우리는 가족이 되었다.

라이프스타일이 정적인 내향인이라면 고양이를 데려올 때

신중해야 한다. 사람과 고양이도 성향이 비슷해야 조용하고 평화롭게 공존할 수 있다. 고양이 중에서도 사람의 주목과 손길을 많이 필요로 하는 종은 다시 생각해보는 게 좋다. 활발하고 운동량이 많은 고양이도 감당할 수 있는지 미리 살펴봐야 한다. 집이 조용해야 재충전이 되는 사람은 말수가 적고 사람의 주목을 덜 필요로 하는 고양이와 잘 맞는다. 샤미즈(샴) 고양이는 수다쟁이로 유명하다. 애정 표현도 잘하고 사람을 따라다니는 '개냥이'다. 마냥 사랑스러우니 좋긴 하지만, 그에 부응하는 관심과 애정을 주지 않으면 불행해진다.

또 반려 동물을 집에 들인다는 것은 엄청난 책임이 따르는 일이다. 고양이의 평균 수명은 약 열다섯 살이다. 어지간한 대기업 평균 근속 연수에 맞먹는 기간이다. 긴 시간 동안 고양이를 보살피려면 약 1500만 원에서 2000만 원이 든다.[지승호, 2019주 103] 게다가 고양이의 정서적 나이는 평생 동안 인간 나이 세 살 정도에 불과하다. 무지개다리를 건너는 날까지 책임질 준비가 되었는지 잘 생각해보고 결정하는 게 좋다. 자신이 없다면 동물보호단체를 후원하거나 그냥 지켜보는 것으로 만족하는 게 낫다. 그럼에도 고양이와 동거하고 싶다면 고양이의 특성과 양육법을 충분히 공부하고 건강하게 끝까지 키울 능력을 갖추자.

마침내 가족이 되었다면 어떤 경우에도 묘생 끝까지 함께하는 집사가 되자. 사랑과 관심으로 보살필 때 고양이는 내향인의 둘도 없는 친구가 되어줄 것이다.

나의 동거묘, '사과'

나만의 공간을 만든다

나 자신을 챙길 수 있는 공간이 있어야 한다

부모님과 함께 살 때는 늘 자취에 대한 환상이 있었다. 기다란 디너 테이블을 놓고 친구들과 밤늦게까지 홈파티를 하고 싶은 로망이 있었다.

첫 자취를 시작하고 나서 얼마 안 가 현실과 이상의 괴리를 느꼈다. 내성적인 나는 '위대한 개츠비'처럼 파티를 하며 에너지를 충전하는 사람이 아니었던 것이다. 파티보다 훨씬 좋았던 건 내 집에서 꿀 같은 휴식을 취할 수 있다는 점이었다. 부모님

께는 죄송하지만, 자취 생활 전의 휴식은 쉬는 게 아니었다는 생각이 들 정도로 좋았다. 내향인에게 집은 밖에서 소모한 에너지를 재충전하는 휴식처다. 가장 나다운 모습으로 있어도 아무도 뭐라 하지 않는 곳. 지친 몸과 마음을 회복할 수 있는 내향인의 공간을 생각할 시간이다.

내향인을 위한 인테리어
색과 조명으로 은신처 만들기

부드러운 톤으로 집을 연출해보자. 침구, 러그, 가구 등의 색상을 하나씩 바꾸면 집안 분위기가 달라진다. 많은 전문가가 차분하고 자연스러운 색상을 추천한다. 베이지, 오프화이트 같은 크림색은 편안한 분위기를 연출하기 좋다. 회색, 네이비, 톤다운된 녹색 등이 내향인에게 위안을 준다. 옅은 파스텔 색상과 부드러운 갈색 등은 일상의 과부하에서 벗어날 수 있게 해준다. 부드러운 푸른색 계열 색상은 행복감을 고취하는 효과가 있다.[Jennifer Geddes, 2018 주104] 내장재로는 차가운 느낌의 타일보다 나무 등 따뜻한 느낌의 천연 소재를 고려해보자.[도리스 메르틴,

아침 햇빛을 받으며 하루를 시작할 수 있도록 잠자리를 꾸미자. 햇빛이 충분할수록 마음도 따뜻해진다. 실내 생활만 오래 하면 '햇빛 비타민'이라 불리는 비타민D가 부족해진다. 또 그렇게 되면 우울증에 걸릴 위험이 커진다. 겨울철 우울증인 '윈터 블루'는 일조량 부족 때문에 생긴다. 코로나19 같은 전염병이 유행하면서 우울증 환자가 늘어나는 것도 일조량 부족 때문이다.

색온도가 따뜻할수록 마음이 편안해진다. 회사 사무실에서 사용하는 형광등 불빛은 집에서 사용하기에는 너무 차갑고 밝다. 집에서조차 푸른빛이 감도는 빛 아래에서 일하는 기분을 느끼고 싶지 않다면 전구를 바꿔보자. 휴식의 공간에는 오렌지색 계통의 조명을 추천한다. 캘빈 값 3000K 정도인 전구색으로 고르면 된다. 조명 방식은 직접보다는 간접 조명이 눈의 피로를 덜어준다. 독서 등 집중이 필요할 때는 백색 계통 조명이 도움이 된다. 상황에 따라 색을 바꿀 수 있는 스마트 전구를 사용하면 조명을 여러 개 사용하지 않아도 돼서 편하다.

작은 방 한 칸이라도 온전히 내향인 자신만을 위한 공간이 있는 게 가장 좋다. 룸메이트 또는 가족과 함께 사는 사람은 가능하면 외부 자극을 차단하는 방법을 찾아야 한다. 현관문, 방문에서 일직선으로 보이지 않는 곳에 책상과 침대를 놓자. 문을 열었을 때 바로 개인 공간이 노출되지 않도록 가구를 배치해야 마음이 편하다. 간단한 가벽을 설치하는 방법도 있다. 네트망 등으로 벽을 세우면 소품이나 사진, 메모를 장식할 수 있어 인테리어 효과도 있다. 소음에 취약한 집은 방음창과 방음문 등의 시공을 하면 심리적 안정 효과가 크다.

버릴수록 마음이 편안한 미니멀 라이프

집 크기에 맞춰서 물건을 채우기보다 나에게 중요한 물건만 남겨라. 서울의 비싼 주거비를 감당하며 살다 보니 나는 자연스럽게 생계형 미니멀리스트가 되었다. 넓은 집으로 이사 갈 수 없을 바에야 물건을 줄이기로 결심한 것이다. '과한 것보다 모자란 게 낫다'라는 뜻의 'Less is more'는 어디에서나 통한다.[김은혜, 2017주106] 내 라이프스타일에 딱 맞는 물건과 가구만 남기고 과감히 정리해보자. 공간에 여백이 늘수록 마음이 편해진다.

여기저기 놓인 물건과 쌓인 먼지는 시각적으로 피로함을 준다. '설레지 않으면 버려라'는 곤도 마리에의 조언은 미니멀 라이프의 금언이다.곤도 마리에, 2016주107 눈을 감고 어떤 물건이 어딨는지 기억하지 못하면 버리라는 조언도 있다. 쓸 일이 없지만 버리기에는 아까운 잡동사니는 과감히 처분하자. 크게는 손님용 의자부터 세탁소 옷걸이, 사소하게는 여분의 펜도 쓸 것만 남기고 버리자. 깔끔하게 정리한답시고 또 수납용 소품과 가구를 구입하는 우를 범하지 말자. 안에 뭐가 있는지 모른 채 창고로 전락할 뿐이다. 옷장과 수납함을 가득 채운 옷은 계절별로 몇 가지만 남기고 과감히 수거함에 넣는다.

무엇이든 붙이고 걸어라. 자주 쓰는 물건을 벽에 걸어서 보관하면 물건이 차지하는 공간을 줄일 수 있다. 헤어드라이어는 코드릴 제품으로 사용 후 타일 벽 거치대에 걸어놓는다. 벽에 구멍을 뚫지 않는 접착형 거치대를 이용하면 깔끔하게 보관할 수 있다. 나중에 자국이 남지 않게 제거할 수 있는 접착용 후크 행거도 유용하다. 모자, 에코백, 가방을 벽에 걸어두면 어질러진 액세서리를 정리할 수 있다. 애정이 가는 몇 가지 물건 외에 나머지는 버리면 된다. 바닥 면적을 차지하는 물건을 줄일수록 청소도 편리해지고 집이 한결 넓어진다.

아무리 버리고 줄여도 포기할 수 없는 물건들은 처분하면 안 된다. 물건을 정리하는 이유는 최종적으로 설렘을 주는 물건만 남기기 위해서다. 나의 경우는 종이책을 버리겠다는 다짐을 포기했다. 북스캐너와 태블릿 PC를 이용해서 수백 권의 책을 PDF 파일로 변환해보기도 했다. 하지만 그렇게 하자 손으로 책을 잡고 페이지를 넘기면서 줄을 긋고 메모하는 즐거움이 사라졌다. 애플리케이션과 전자기기가 발전을 거듭해도 종이책을 읽는 느낌을 구현하기엔 부족하다. 책장에 꽂힌 책들은 현재 나의 관심사와 고민을 보여주는 소중한 재산이다. 주기적으로 소중한 책들이 꽂혀 있는 책장을 정리할 때는 사금을 채취하는 기분이 든다.

재충전을 위한 슬기로운 생활 습관

꽃향기와 풀 냄새를 맡으면 머리가 맑아지고 기분이 좋아진다. 또한, 마음이 안정되고 스트레스를 줄일 수 있다. 꽃의 치유 효과는 과학적으로 검증되었다. 농촌진흥청 원예연구소는 꽃향기가 스트레스 해소에 효과 있다는 것을 밝혀냈다.

장미 향기를 맡으면 집중력과 기억력을 좋게 하는 뇌파인 알파파가 증가한다는 실험 결과도 있다. 식물에서 추출한 에센셜 오일은 통증 완화 및 불안감과 우울감 해소에 효과가 있다. 좋은 향은 통증을 조절하는 뇌 부위를 자극해서 세로토닌과 엔도르핀의 분비를 촉진한다.[홍유미, 2010 주108] 단, 반려동물이 있는 집은 식물과 에센셜 오일의 사용을 조심해야 한다. 고양이는 개나 사람과 달리 간에서 대사할 수 있는 물질이 한정적이다. 특정 오일과 식물은 오히려 독이 될 수 있다. 대표적으로 백합, 자스민, 국화, 유칼립투스 등의 식물이 위험하다. 티트리 오일 등 대부분의 에센셜 오일도 고양이에게 좋지 않다. 같은 꽃이라도 장미, 알스트로메리아, 오키드(난화), 거베라 데이지 등은 괜찮다.[The Catnip Times, n.d. 주109] 반드시 사전에 수의사 등 전문가를 통해 사용 가능 여부를 확인하자. 미국동물학대 방지협회에서는 고양이에게 유해하거나 안전한 식물 리스트를 제공한다. 동물과 사람이 모두 행복할 수 있도록 향기로운 공간을 현명하게 가꿔보자.

◉ 미국동물학대 방지협회(ASPCA, The American Society for the Prevention of Cruelty to Animals)에서 제공하는 고양이에게 유해하거나 안전한 식물 리스트

www.aspca.org/pet-care/animal-poison-control/cats-plant-list

음악은 스트레스 감소에 효과가 있고 행복감도 높여준다. 이를 증명하는 놀라운 연구들이 있다. 음악을 들으며 백내장 수술을 받은 환자들은 일반 환자들보다 혈압이 안정적이었다. 척추 마취를 받고 비뇨기과 수술을 받은 환자들에게 음악은 진정제와 같은 작용을 했다. 심지어 프로포폴을 주입하고 무의식 상태에 빠진 환자들도 음악을 들었을 때 상태가 좋았다. 수술 중 음악을 들은 환자들의 경우 스트레스 호르몬 수치와 심장 박동수가 상대적으로 낮은 것으로 나타났다.[Havard Medical School, 2011주110] 부드러운 음악에 카페의 소음이나 비 내리는 소리 등 분위기를 더한 '앰비언스 뮤직'도 있다. 밋밋한 집 안의 분위기를 풍성하게 연출하고 집중하는 데에도 좋다.

마지막으로 실내 공기와 온도, 습도를 쾌적하게 관리하자. 오래 실내에 머물면서 환기를 하지 않으면 유해 물질의 농도

가 높아진다. 두통, 피로감, 피부질환 등 다양한 질병을 예방하기 위해 조금씩 여러 번 환기하자. 실내에 공기정화 식물을 비치하거나 공기청정기의 도움을 빌려 깨끗한 공기를 마시자. 건강을 지킬 수 있는 겨울철 실내 적정 온도는 18~20도, 여름철은 26도다. 또한, 실내에서 쾌적한 감정을 느끼려면 습도를 40~70% 사이로 유지해야 한다.신학수 등, 2008주111 습도가 너무 낮으면 지나치게 건조해서 힘들고 습도가 너무 높으면 세균이 증가하고 불쾌지수가 높아진다.

오로지 나만을 위한 공간인지 살피자

하루 정도 외출하지 않고 실내에만 있어도 좋은 기분이 드는 자신만의 공간을 꾸미자. 언제든 양말을 벗고 편히 앉아 누울 수 있는 공간이 있다는 건 큰 행복이다. 청소하기 쉽도록 단순하게 꾸며진 방을 매일 깨끗하게 닦으면 마음도 개운해진다. 아침과 낮에는 밝은 햇살이 비추고 밤에는 은은하고 적당한 빛이 실내를 채운다. 방 한 개에 화장실이 한 개든 방 세 개에 화장실이 두 개든 중요하지 않다. 중요한 건 이곳이 온전하게 나만을 위한 공간이어야 한다는 거다. 좋은 음악을 듣고 책을 읽고 따뜻한 차도 한잔할 수 있는 나만의 공간. 단, 집을 잘 꾸밀수록 사무실에서 느끼게 될 조퇴 욕구도 늘어나는 부작용은 감수해야 한다.

스마트폰에 시간을 빼기지 마라

SNS를 한다고 행복해지지 않는다

5시간 24분. 어느 금요일 저녁에 집계된 나의 스마트폰 주간 사용 시간이다. 인터넷을 2시간 28분, 카카오톡을 1시간 18분 사용했다. 유튜브는 1시간 11분 동안 시청했다. 나머지는 지도를 검색하거나 사진을 찍은 시간이다. 일 때문에 바빠진 요즘은 주 1~2회 정도만 인스타그램을 하고 있다. 우리나라 평균 SNS 사용 시간인 하루 1시간 20분에 비하면 양호하다.[고양태, 2019주112] 문제는 집에 와서 컴퓨터를 사용한 시간이다. 글쓰기를 제외하고 2시간은 유튜브와 커뮤니티를 보며 허비했을 거다. 스마트폰과 컴퓨터 사용 시간을 합치면 7시간이 넘는 셈이다. SNS만 하지 않는다고 해결될 일이 아니다. 인터넷에 시간을 빼앗기는 만큼 내향인의 장점인 집중력은 상쇄된다.

밝히기 민망하지만, 얼마 전까지 나는 인스타그램 '마이크로 인플루언서'였다. 500명에서 1만 명 사이의 팔로워를 보유한 사람을 마이크로 인플루언서라고 한다.[공팔리터, 2019주113] 운동 기록을 남길 생각으로 시작한 인스타그램을 어느새 매일 업데이트하고 있었다. 현실에서 회사 생활을 하는 나와 별개로 제2의 인격이 생긴 기분이었다. 현실과 온라인상의 인맥 괴리가 점점 커졌다. 실제로 연락하고 만나는 사람은 일고여덟 명이 고작인데 팔로워는 3000명이 넘었기 때문이다. 게시물 하나를 올리면 댓글이 열 개에서 스무 개씩 달렸다. 여전히 현실의 나는 지극히 내성적인 평범한 사람이었다. 말로 하는 대화보다는 메신저 타이핑을 선호하는 말수 적은 사람이었다.

SNS 활동은 커뮤니케이션이 전부다. 소통의 도구가 달라졌을 뿐 똑같이 시간과 에너지를 소모해야 한다. 정신적인 에너지는 유한하지만, 관계 맺기에는 한계가 없는 듯하다. 계정이 공개된 누구나 쉽게 팔로우할 수 있다. 누군가가 '좋아요'를 누르고 댓글을 달면 나도 보답해야 관계가 유지된다. 수만 명의 팔로워를 보유한 SNS 인플루언서들도 소통을 중요하게 여긴다. 그러다 보니 어느새 나도 친한 지인을 만날 때조차 SNS에 올릴 게시물이 더 신경 쓰이기 시작했고, 삶이 피로해졌다. 그 무렵 운동 모임에서 만난 한 지인이 "SNS 왜 하세요?"라고 물었다. 나는 이 질문을 받고 머리를 한 대 세게 얻어맞은 느낌이 들었다. '그러니까 도대체 왜 이렇게 열심히 SNS를 하고 있었지?'라는 생각이 든 나는 결국 그 이후, 운동 계정 활동을 중단했다.

스마트폰이 내 시간을 훔치고 있다

2617번. 스마트폰 사용자가 하루에 자신의 전화기를 만지는 횟수다.[Trevor Haynes, 2018 주114] 이는 우리가 하루에 2600번 이상 스마트폰에 정신을 빼앗기고 있다는 뜻이다. 스마트폰이 우리 생활과 너무나 밀접한 나머지 어떤 사람들은 '팬텀폰'을 경험한다.[주115] 실제와 달리 주머니 속 전화기가 진동한다고 착각하는 현상이다. 스마트폰은 존재 자체로 우리의 인지 자원을 소모하고 인지 능력을 떨어뜨린다. 한 실험에서 800명을 대상으로 컴퓨터 앞에 앉아서 시험을 보도록 했다. 이때 참가자를 세 그룹으로 나누어 책상 위, 다른 방, 가방 속에 스마트폰을 무음으로 두었다. 그 결과 다른 방, 가방 속, 책상 위에 스마트폰을 둔 순서대로 성적이 좋았다. Vera J. Sauer, Sabrina C. Eimler, Sanaz Maafi, Michael Pietrek, Nicole C. Krämer, 2015 주116

우리의 뇌는 '새로고침'을 좋아한다. 스마트폰 터치 한 번이면 새로운 사진, 영상, 읽을거리가 쏟아진다. 뇌는 새로운 정보에 주목할 때마다 도파민을 분비해서 기분을 좋게 만든다. 이 원리를 이해하려면 1만여 년 전 인간의 조상이 살던 시대로 돌아가야 한다. 언제 맹수가 덮칠지 모르는 원시시대에는 빠른 주의 전환이 생존에 필수였다. 안전이 보장되지 않은 환경에서 오래 집중하는 것은 생존에 위험천만한 일이었기 때문이다. 그 후 수천 년간 문명이 발전하면서 인간의 생존 환경은 무척이나 안전해졌다. 그러나 뇌는? 문명의 진화 속도를 따라잡지 못했다.

앱 개발자들은 우리 뇌가 무엇을 좋아하는지 정확히 알고 있다. 가능한 한 많이 접속하게끔 도파민을 분비하는 장치를 스마트폰 안에 숨겨놓았다. 가만히 놔둔 스마트폰이 울리게 해서 앱에 접속하게끔 만든다. 광고, 아이템, SNS 반응 등을 랜덤하게 알려준다. SNS의 경우는 더욱 영리하다. 언제 알림을 띄워야 사용자의 기분이 가장 좋을지 타이밍을 맞추기까지 한다. 인스타그램은 실제로 '좋아요'가 일정 수 이상 모였을 때 알림을 보낸다. 고작 한두 개 '좋아요'로는 성에 차지 않기 때문이다.[Trevor Haynes, 2018주117] 뇌의 입장에서 스마트폰은 랜덤 박스나 다름없다. 가성비도 좋다. 다른 활동에 비해 손가락을 몇 번만 움직이면 도파민을 얻을 수 있다. 바로 이런 이유 때문에 우리는 하루 종일 스마트폰에 묶여 있다.

스마트폰에 너무 많은 시간을 뺏기지 않기 위해서는 우선 IT 회사를 만든 주요 인사들이 왜 자신의 자녀들에게는 사용을 규제했는지 생각해볼 필요가 있다. 빌 게이츠는 그의 자녀들이 열네 살이 될 때까지 휴대전화를 사주지 않았다.[Allana Akhtar and Marguerite Ward, 2020주118] 10대 청소년의 스마트폰 보유율이 97.9%에 달하는 한국인이 보기에는 놀라운 일이다.[정용찬, 2019주119] 또 스티브 잡스 역시 자녀들의 아이패드 사용을 제한한다고 밝힌 바 있다. 그에 뒤이어 애플 CEO를 맡은 팀 쿡은 자기 조카의 소

셜미디어 사용을 제한하고 싶어 했다.Allana Akhtar, 2019주120

도파민 다이어트로 집중력을 회복할 수 있다

실리콘 밸리에서는 '도파민 단식'이 유행이다. 도파민 단식은 우리 뇌를 자극하는 모든 것을 멀리하는 운동이다. 스마트폰은 물론 PC와 노트북을 아예 보지 않는다. 도파민을 제공하는 음악도 듣지 않는다. 격렬한 운동도 도파민을 분비하므로 피한다. 극단적으로는 신체 접촉과 성관계마저 하지 않는다.YTN Science, 2019주121 누가 이런 바보 같은 짓을 하는 걸까? 놀랍게도 트위터의 CEO 잭 도시는 도파민 단식의 열렬한 지지자다. 실리콘 밸리의 한 사립학교에서는 학생들이 디지털 기기를 소지하는 것 자체를 금한다고 한다. 이 학교의 학부모 중 75%는 IT 기업의 임원들이라고 한다.이성규, 2019주122

메신저로 업무를 보고하고 모바일 페이로 쇼핑을 한다. 교통카드 대신 스마트폰을 개찰구에 갖다 대고 지하철을 탄다. TV 대신 보는 유튜브가 낙인 나에게 도파민 단식이 가당키나 한 일일까? 무리하게 스마트폰 사용을 제한하면 오히려 생활이 팍팍해진다. 따라서 도파민 단식보다는 도파민 다이어트를 제안한다. 기술의 편리함은 누리면서도 스마트폰에 의존하는 문제 행동을 줄이기 위한 시도다. 다이어트를 하는 사람이 가장 먼저 체성분 검사를 하듯이 스마트폰 중독도 측정할 수 있다. 스마트폰 기종마다 설정 메뉴에서 얼마나 오랜 시간 기기를 사용하는지 볼 수 있다. 아래 가이드를 보고 자신의 스마트폰 사용 시간이 어느 정도인지 점검해보자.

◉ 나는 얼마나 스마트폰 중독일까? 자신의 스마트폰 사용 시간을 알아보는 방법

– 삼성 갤럭시 스마트폰은 설정>디지털 웰빙 및 자녀 보호 기능에 들어가면 전체 사용 시간, 애플리케이션별 사용 시간, 스마트폰 잠금 해제 횟수, 하루 동안 받은 알림 횟수 등을 확인할 수 있다..
– 애플 아이폰은 설정>스크린타임에 들어가면 일일 평균 사용 시간을 확인할 수 있다. '모든 활동 보기'를 누르면 앱별 사용 시간, 소셜 네트워킹과 엔터테인먼트에 사용한 시간을 한번에 볼 수 있다.

친구, 상사, 플러스 친구를 포함한 모든 푸시 알림을 꺼라.

추가로 스마트폰을 무음으로 전환해보자. 업무 중에는 스마트폰을 잘 보이는 곳에 놓고 업무 관련 연락을 선별해서 받아라. 업무 중이 아닐 때는 무음 상태의 전화기를 아무렇게나 내버려두면 된다. 무음 생활에 적응하다 보면 의외로 바로바로 메시지를 확인해야만 하는 일은 별로 없다는 걸 알게 될 것이다.

◉ 재난문자가 정신적 재난을 초래한다?!

코로나19의 대유행으로 하루에도 수십 번씩 울리는 재난문자. 2020년 한 해 동안 2만 9000건이 넘는 코로나 관련 문자가 발송됐다.선정민, 2020주123 재난문자가 너무 많이 오는 바람에 정신적 피로감을 호소하는 사람들이 적지 않다. 이 재난문자에도 유형이 있다. 이미 발생한 재난을 알리는 '긴급재난문자'와 위험을 경고하는 '안전안내문자'다. 경고성 문자 메시지에 피로감을 느끼면 알림을 해제하자. 재난 정보는 포털사이트나 SNS를 통해서도 접할 수 있다. 위험에 둔감한 것도 위험하지만 지나친 도파민 자극은 사람을 매우 지치게 한다.

인터넷과 SNS는 통신비를 내지만 무료라는 인식이 있다. 하지만 잘 생각해보면 이미 우리의 집중력과 시간을 대가로 지불하고 있다. 세상에는 공짜가 없다. 우리가 별생각 없이 스마트폰을 들여다보는 시간 동안 IT 기업들은 돈을 벌어들인다. 우리의 시선이 머무는 곳마다 조회 수가 올라가고 광고가 붙기 때문이다. 포털사이트의 손톱만 한 공간에 광고를 집행하는 비용을 알면 모두들 깜짝 놀랄 것이다. 스마트폰을 볼 때마다 정말로 가치 있는 행동인지 자문해보자. 무의식적으로 주머니에서 스마트폰을 꺼내는 게 통제가 안 된다면? 가방에 넣어두고 할 일을 하는 것도 방법이다. 사람을 만날 때도 아예 꺼내놓지 않도록 하자. 도파민 중독에서 벗어날 수 있도록 자신만의 작은 원칙을 세워보자.

뇌의 달콤한 보상을 이겨낸 대가로 우리는 좀 더 중요한 것에 집중할 수 있다. SNS 사용 시간과 비례하는 건 외로움과 공허함인지도 모른다. 오프라인에서 나누는 교류는 번거롭지만 분명 우리에게 즐거움과 충만함을 전해준다. 좋은 사람들과 함께 웃음을 나누는 광경을 상상해보자. 웃음도 도파민을 분비하기는 마찬가지다. 그러나 이때 나오는 도파민이 훨씬 더 건강하고 행복한 나를 만들어준다. 많이 웃어서 공허함을 호소하는 사람은 찾아보기 힘들다. 좋은 사람들, 사랑하는 이들과 유대감을 나눌수록 삶은 행복해진다.

epilogue

내향인의 내향인다운 삶을 진심으로 응원합니다

우리 같은 사람들은 알면 알수록 특이한 성격의 소유자입니다. 사람들을 피해 조용한 곳으로 도망치면서도 한편으로는 타인과 공감하고 마음을 나누고 싶은 양면적 특성을 보이지요. 그런 면에서 글쓰기는 혼자가 편한 사람의 가장 자기다운 표현 방법이라 할 수 있습니다. 사람을 만나지 않아도 이렇게나 길게 쓴 글을 누군가가 읽고 공감할 수 있다니 얼마나 '다행'인가요? 지독한 내향인인 저로서는 여러분께 저의 이야기를 전하려면 '글쓰기' 외에는 다른 선택지가 없었습니다. 세상의 수많은 매체 중에서도 책, 무수히 많은 책 중에서도 저의 책을 여러

분께서 읽어주셨다는 사실이 기쁘기 그지없습니다. 대단히 감사합니다.

갑자기 문체가 바뀌어서 혹시 책이 잘못 인쇄된 건 아닌지 의아하게 느끼셨을 수도 있겠습니다. 실은 원고의 모든 부분을 통틀어서 에필로그가 가장 쓰기 어렵더군요. 마지막으로 독자 여러분께 어떤 말씀을 드려야 할지 고민하다 보니 짧은 글을 쓰는 데에 무려 일주일이나 걸릴 줄은 몰랐습니다. 이 책은 저만의 사이드 프로젝트인 기획 독서에서 출발했습니다. 이화여대 석좌교수 최재천 님이 이런 말씀을 하셨습니다(제게 직접 하신 건 아니고 강연에서 하신 말씀입니다). 책은 자신이 모르는 분야를 공략하려고 읽는 거라고요. 시중에서 구할 수 있는 거의 모든 내향인에 관한 책과 기사, 논문을 공부한 결과물을 책으로 펴낼 수 있어서 굉장한 보람과 극심한 피로를 동시에 느낍니다.

이 책이 외향인들 사이에서 오늘도 힘겹게 하루를 살아가는 사람들에게 약간이나마 힘이 되기를 바랍니다. 내향적인 성격으로 자신을 비관하는 사람이 한 명이라도 줄어들기를 기원합니다. 삶의 어느 지점에 멈춰 있는 사람이 이 책을 읽고 한 발자국 더 앞으로 내디디는 용기를 낼 수 있으면 좋겠습니다. 단점보다는 장점에 주목할 수 있으면 좋겠습니다. 오랜 시간 혼자가 너무나 익숙해진 사람이 자기 삶의 반경을 1cm라도 넓히는 계기가 되었으면 좋겠습니다. 또 다른 한편으로는 언제라도 혼자만의 시간이 필요할 때 도망칠 수 있는 곳이 있다는 걸 많은 사람이 깨달았으면 좋겠습니다. 외향인 또한 이 책을 읽고 주변의 내향인을 조금이라도 이해할 수 있기를 기대합니다. 사람에 치이고 데여서 상처받은 이가 다시 사람으로 치유받는 기적이 일어나면 더 바랄 게 없겠습니다. 하루가 다르게 빨리 지나가는 시간 속에서 소중한 인생을 한순간이라도 자기답게 사는 데에 도움이 되기를 진심으로 소망합니다.

부족한 책을 끝까지 읽어주셔서 다시 한번 정말 감사합니다. 괜찮으시다면 마지막 페이지까지 읽어주신 여러분께 용기를 내서 SNS '친추 요청'을 드려봅니다. 우리가 전화가 두렵지, 소통이 불편한 건 아니지 않나요? 과도한 스마트폰 사용을 지양하자는 글을 마지막 장에서 이야기해놓고 바로 이런 말씀을 드리자니 어쩐지 쑥스럽습니다. 인스타그램과 브런치, 트위터에서 짧고 긴 글, 사진과 영상으로 많은 분과 느슨한 관계를 유지하고 있습니다. 독자 여러분과도 가끔 생각을 나눌 수 있다면 좋겠습니다.

원고를 쓰는 동안 한 살을 더 먹고 몸무게가 2kg 불어나는 와중에도 거의 2년째 자주 놀아주지 못하고 있는 저의 고양이 '사과'에게 미안하고 감사한 마음을 전합니다. 내성적인 아들 탓에 늘 적적하실 부모님께 감사와 사랑을 전합니다. 책을 쓰는 동안 저를 응원해주고 필명 구상에도 도움을 준 친구들에게 늘 고맙습니다. 제 친구들이 모두 책을 사준다면 적어도 5권은 팔릴 것 같습니다. 또한 저를 '글 쓰는 내향인'의 길로 인도해주신 '아무 글방' 멤버 여러분, 그리고 벌써 3년째 꾸준히 글을 쓰며 인연을 맺어오고 있는 '씀에세이' 멤버 여러분 감사합니다. 내성적인 작가를 만나 첫 미팅부터 난처하셨을 동양북스 외향인 편집자 졸리박 님, 그동안 정말 고생 많으셨습니다. 비록 '콜포비아(Call phobia, 전화 공포증)'가 있는 저이지만, 편집자 님의 전화가 제 삶을 바꿨습니다. 감사합니다. 마지막으로 제가 퇴근 후 그리고 주말마다 글 쓰고 SNS를 하는 줄은 꿈에도 모르셨을, 마냥 조용한 직원으로 저를 오해하고 계실 홍보실장님과 팀장님 그리고 팀원 여러분, 노동력을 축내서 죄송합니다. 감사합니다.

2021년 9월

정어리

미주

1 Charles Bukowski. (1998). Black Sparrow Books The Captain is Out to Lunch and the Sailors Have Taken Over the Ship

2 카를 구스타프 융. (2019). 심리 유형(Psychological Types). 서울:부글북스.

3 CAPT(Center for Applications of Psychological Type). (n.d). Estimated Frequencies of the Types in the United States Population. URL:https://www.capt.org/mbti-assessment/estimated-frequencies.htm

4 Daniel C. Feiler, Adam M. Kleinbaum. (2015). Popularity, Similarity, and the Network Extraversion Bias. Volume: 26 issue: 5, page(s): 593-603. https://doi.org/10.1177/0956797615569580

5 Janet Nguyen. (2018). 5 things you didn't know about the history of the Myers-Briggs system. MARKETPLACE. https://www.marketplace.org/2018/10/30/5-things-you-didn-t-know-about-history-myers-briggs-system/

6 Merve Emre. (2019). The Personality Brokers: The Strange History of Myers-Briggs and the Birth of Personality Testing. Anchor

7 송가영 기자. (2020.07.24.). [이슈&팩트(118)] MBTI는 유사과학일까?. 시사위크. URL:http://www.sisaweek.com/news/curationView.html?idxno=136054

8 Pittenger, David J. (November 1993). "Measuring the MBTI. . .And Coming Up Short." (PDF). Journal of Career Planning and Employment 54 (1): 48–52. http://www.indiana.edu/~jobtalk/HRMWebsite/hrm/articles/develop/mbti.pdf.

9 폴 D. 티저, 바버라 배런 티저. (2016). 성격을 읽는 법(더 나은 인간관계를 위한 MBTI 성격의 심리학)(p. 20). 더난출판사

10 폴 D. 티저, 바버라 배런 티저. (2016). 성격을 읽는 법(더 나은 인간관계를 위한 MBTI 성격의 심리학)(pp. 191-198). 더난출판사

11 폴 D. 티저, 바버라 배런 티저. (2016). 성격을 읽는 법(더 나은 인간관계를 위한 MBTI 성격의 심리학)(pp. 74-86). 더난출판사

12 이병철 기자. (2020.08.08.). [프리미엄 리포트]SNS에서 뜨거운 MBTI 얼마나 믿어야할까. 동아사이언스. URL:http://dongascience.donga.com/news/view/38767

13 목정민 과학칼럼니스트. (2020.07.06.). [알아두면 쓸모있는 과학](22)성격검사 'MBTI' 맹신하지 마세요. 주간경향 1384호. URL:http://weekly.khan.co.kr/khnm.html?mode=view&code=116&artid=202006261528381&pt=nv

14 전혜영 기자. (2020.06.17.). 요즘 핫한 MBTI… 혈액형 · 별자리보다 나을 게 없다?. 헬스조선. URL: http://health.chosun.com/site/data/html_dir/2020/06/16/2020061603437.html

15 마티 올슨 래니. (2006). 내성적인 사람이 성공한다(pp. 74-94). 서돌

16 대니얼 네틀. (2009). 성격의 탄생; 뇌과학, 진화심리학이 들려주는 성격의 모든 것(p. 119). 와이즈북

17 Hamer D. The Search for Personality Genes: Adventures of a Molecular Biologist. Current Directions in Psychological Science. 1997;6(4):111-114. doi:10.1111/1467-8721.ep11514443

18 피터 홀린스. (2018). 혼자 있고 싶은데 외로운 건 싫어(pp. 83-87). 포레스트북스

19 박종석 정신건강의학과 전문의. (2020.05.26.). 성격유형 테스트, MBTI 검사에 대한 6가지 Q&A. 정신의학신문. URL: http://www.psychiatricnews.net/news/articleView.html?idxno=19787

20 피터 홀린스. (2018). 혼자 있고 싶은데 외로운 건 싫어(pp. 55-66). 포레스트북스

21 Travis Bradberry. (2016.04.26.). 9 Signs That You're An Ambivert. Forbes. URL: https://www.forbes.com/sites/travisbradberry/2016/04/26/9-signs-that-youre-an-ambivert

22 Caroline Beaton. (2017.10.06.). The Majority of People Are Not Introverts or Extroverts. Psychology Today. URL: https://www.psychologytoday.com/us/blog/the-gen-y-guide/201710/the-majority-people-are-not-introverts-or-extroverts

23 Adam M. Grant. (2013). Rethinking the Extraverted Sales Ideal: The Ambivert Advantage(PDF). Psychological Science 24(6) 1024 – 1030. DOI: 10.1177/0956797612463706

24 박돈규 기자. (2020.01.04.). "20년 전과 성격 달라졌다" 53%… '남이 보는 나'는 그대로일 수도. 조선일보. URL: https://www.chosun.com/site/data/html_dir/2020/01/03/2020010301977.html?utm_source=naver&utm_medium=original&utm_campaign=news

25 EBS 다큐 프라임 당신의 성격 2부 – 성격의 탄생. (2010.04.03.). EBS. URL: https://www.ebs.co.kr/tv/show?lectId=3046111

26 대니얼 네틀. (2009). 성격의 탄생; 뇌과학, 진화심리학이 들려주는 성격의 모든 것(pp. 272-276). 와이즈북

27 일레인 아론. (2012.02.12.). Time Magazine: "The Power of (Shyness)" and High Sensitivity. Psychology Today. URL: https://www.psychologytoday.com/intl/blog/attending-the-undervalued-self/201202/time-magazine-the-power-shyness-and-high-sensitivity

28 Eysenck, H. J. (1967). The biological basis of personality. Springfield, IL: Thomas

29 도리스 메르틴. (2016). 혼자가 편한 사람들(p. 220). 비전코리아

30 박용정, 이정원, 한재진. (2019.07.12.). 커피산업의 5가지 트렌드 변화와 전망-국내 커피산업 약 7조 원 규모로 성장!. 경제주평 19-25(통권 848호).

31 Steven E. Meredith, Laura M. Juliano, John R. Hughes, and Roland R. Griffiths. (2013). Caffeine Use Disorder: A Comprehensive Review and Research Agenda. Journal of Caffeine ResearchVol. 3, No. 3. DOI:https://doi.org/10.1089/jcr.2013.0016

32 Andrew Steptoe, Jane Wardle, Michael Marmot. (2005). Positive affect and health-related neuroendocrine, cardiovascular, and inflammatory processes. Proceedings of the National Academy of Sciences May 2005, 102 (18) 6508-6512; DOI: 10.1073/pnas.0409174102

33 잭 콘필드. (2020). 마음이 아플 땐 불교 심리학(pp. 42-61). 불광출판사

34 맥스웰 몰츠, 매트 퓨리. (2019). 맥스웰 몰츠 성공의 법칙(pp. 35-41). 비즈니스북스

35 Kellerman, J., Lewis, J., & Laird, J. D. (1989). Looking and loving: The effects of mutual gaze on feelings of romantic love. Journal of Research in Personality, 23(2), 145 - 161. https://doi.org/10.1016/0092-6566(89)90020-2

36 장한이. (2018). 회사에 들키지 말아야 할 당신의 속마음(p. 94). 이다북스.

37 이두현 기자. (2019.08.12.). [인터뷰] 슈카월드, 주식 좀 해본 형의 게임썰. INVEN. URL: http://www.inven.co.kr/webzine/news/?news=225062

38 돈 가버. (2008). 대화의 기술 1,2,3(소심하고 내성적인 사람들을 위한)(pp. 35-45). 폴라리스

39 데브라 파인. (2020). 잡담 말고 스몰토크(소소하지만 대체할 수 없는 매력적인 소통법)(p. 94). 일월일일

40 브라이언 트레이시. (2019). 나는 꽤 괜찮은 사람입니다(p. 145). 포레스트북스

41 주언규(신사임당). (2020). 킵고잉(p. 25). 21세기북스

42 제라드 마크롱. (2010). 고독의 심리학(p. 194). 뮤진트리

43 미카엘라 청. (2018). 이젠 내 시간표대로 살겠습니다(p. 158). 한빛비즈

44 탄윈페이. (2020). 당신이 절대 버리지 말아야 할 것(p. 87). 국일미디어

45 Bruce Kasanoff. (2017.04.08.) Six Times When More Information Produces Worse Decisions. Forbes. URL: https://www.forbes.com/sites/brucekasanoff/2017/04/08/six-times-when-more-information-produces-worse-decisions/?sh=184e2b079f5f

46 Talks at Google(유튜브 채널). (2018.05.07.). Brain Rules | Dr. John Medina | Talks at Google. URL: https://youtu.be/IK1nMQq67VI

47 Diener, E., & Seligman, M. E. P. (2002). Very happy people. Psychological Science, 13(1), 81-84

48 서은국. (2014). 행복의 기원(인간의 행복은 어디서 오는가, 생존과 번식 행복은 진화의 산물이다)(pp. 138-140). 21세기북스

49 강준만. (2014). 감정독재(44. 던바의 수). 인물과사상사. URL: https://terms.naver.com/entry.nhn?docId=2176186&cid=51065&categoryId=51065

50 말콤 글래드웰, (2000). 티핑포인트: 베스트셀러는 어떻게 뜨게 되는가?(pp. 219-220). 이끌리오

51 Ariel Schwartz. (2016.02.16.). A personality psychologist details the differences between introverts and extroverts-including how often they have sex. BUSINESS INSIDER. URL : https://www.businessinsider.

com/difference-in-the-amount-of-sex-of-extroverts-and-introverts-2016-2

52 Ariel Schwartz. (2016.02.16.). A personality psychologist details the differences between introverts and extroverts – including how often they have sex. BUSINESS INSIDER. URL : https://www.businessinsider.com/difference-in-the-amount-of-sex-of-extroverts-and-introverts-2016-2

53 JohnBrebner, ChrisCooper. (1978). Stimulus- or response-induced excitation. A comparison of the behavior of introverts and extraverts. Journal of Research in Personality, Volume 12, Issue 3. Pages 306-311. ISSN 0092-6566, https://doi.org/10.1016/0092-6566(78)90057-0. (http://www.sciencedirect.com/science/article/pii/0092656678900570)

54 수전 케인. (2012). 콰이어트(pp. 244-246). 알에이치코리아.

55 Kuhnen CM, Chiao JY (2009) Genetic Determinants of Financial Risk Taking. PLoS ONE 4(2): e4362. https://doi.org/10.1371/journal.pone.0004362

56 수전 케인. (2012). 콰이어트(p. 226). 알에이치코리아.

57 Rackham, N. and Carlisle, J. (1978), "The Effective Negotiator – Part I: The Behaviour of Successful Negotiators", Journal of European Industrial Training, Vol. 2 No. 6, pp. 6-11. https://doi.org/10.1108/eb002297

58 데일 카네기. (2011). 데일 카네기 인간관계론(p. 107, 전자책). 리베르

59 Andre Solo. (2020.03.30.). The Difference Between the Highly Sensitive Brain and the 'Typical' Brain. highly sensitive refuge. URL : https://highlysensitiverefuge.com/highly-sensitive-person-brain/

60 Judith Orloff M.D. (2016.02.19.). 10 Traits Empathic People Share. Psychology Today. URL : https://www.psychologytoday.com/us/blog/emotional-freedom/201602/10-traits-empathic-people-share

61 Crystal Raypole. (2020.11.24.) 15 Signs You Might Be an Empath. healthline. URL : https://www.healthline.com/health/what-is-an-empath

62 Theodore F. Harris. (1971). Pearl S. Buck: A Biography, Volume 2-Her Philosophy as Expressed in Her Letters(pp.200). The John Day Company

63 Quincy Jones. (2009.06.30.). Quincy Jones on Michael Jackson: 'We made history together'. Los Angeles Times. URL : https://www.latimes.com/archives/la-xpm-2009-jun-30-et-jackson-quincy30-story.html

64 Scott Barry Kaufman. (2010.08.25.). After the Show: The Many Faces of the Performer. Psychology Today. URL : https://www.psychologytoday.com/intl/blog/beautiful-minds/201008/after-the-show-the-many-faces-the-performer

65 Rachel Suppok. (2016.02.02.). The Science of Extraversion and Introversion. TRUITY. URL : https://www.truity.com/blog/science-extraversion-and-introversion

66 Debra L. Johnson, Ph.D., John S. Wiebe, M.A., Sherri M. Gold, Ph.D., Nancy C. Andreasen, M.D., Ph.D., Richard D. Hichwa, Ph.D., G. Leonard Watkins, Ph.D., and Laura L. Boles Ponto, Ph.D., (1999.02.01.). Cerebral Blood Flow and Personality: A Positron Emission Tomography Study. Volume 156 Issue 2 Pages 252-257. American Psychiatric Association Publishing. URL : https://ajp.psychiatryonline.org/doi/10.1176/ajp.156.2.252

67 Rebecca Beris. (n.d.). Why Introverts Are Introverts? Because Their Brains Are Different. Lifehack. URL : https://www.lifehack.org/412467/why-introverts-are-introverts-because-their-brains-are-different

68 Lecia Bushak. (2014.08.21.). The Brain Of An Introvert Compared To That Of An Extrovert: Are They Really Different?. Medical Daily. URL : https://www.medicaldaily.com/brain-introvert-compared-extrovert-

are-they-really-different-299064

69 수전 케인. (2012). 콰이어트(p. 258). 알에이치코리아

70 폴 D. 티저, 바버라 배런 티저. (2016). 성격을 읽는 법(더 나은 인간관계를 위한 MBTI 성격의 심리학)(p. 24). 더난출판사

71 도리스 메르틴. (2016). 혼자가 편한 사람들(p. 109). 비전코리아

72 Francesca Gillett. (2020.04.24.). Coronavirus: Why going without physical touch is so hard. BBC News. URL : https://www.bbc.com/news/uk-52279411

73 수전 케인. (2012). 콰이어트(p. 267). 알에이치코리아

74 제라드 마크롱. (2010). 고독의 심리학(p. 51). 뮤진트리

75 모죠. (2020.06.26.). 121화. 집순이 연구 보고서. 모죠의 일지(네이버웹툰). URL : https://comic.naver.com/webtoon/detail.nhn?titleId=728015&no=121&weekday=wed

76 Riggio, Ronald & Tucker, Joan & Throckmorton, Barbara. (1987). Social Skills and Deception Ability. Personality and Social Psychology Bulletin. 13. 568-577. 10.1177/0146167287134013.

77 제라르 마크롱. (2010). 고독의 심리학(p. 40). 뮤진트리

78 수전 케인. (2012). 콰이어트(pp. 133-135). 알에이치코리아

79 Tucker, L. A. (1983). Muscular strength and mental health. Journal of Personality and Social Psychology, 45(6), 1355 - 1360. https://doi.org/10.1037/0022-3514.45.6.1355

80 저자불명. (n.d.). 스포츠7330 안내. 대한체육회 체육포털. URL : https://www.sportal.or.kr/info/sports7330Intro.do

81 마티 올슨 래니. (2006). 내성적인 사람이 성공한다(p. 289). 서돌

82 유대영 기자, 김명주 기자. (2020.07.28.). 온종일 커피 마시는데 내 몸은 '만성탈수'인 이유. 헬스조선. URL : http://health.chosun.com/site/data/

html_dir/2020/07/28/2020072802723.html

83 A. Kaarlela-Tuomaala, R. Helenius, E. Keskinen & V. Hongisto. (2009). Effec ts of acoustic environment on work in private office rooms and open-plan offices – longitudinal study during relocation, Ergonomics, 52:11, pp. 1423-1444, DOI: 10.1080/00140130903154579

84 Animal Health Associates. (2020.06.23.). How old is my dog or cat?. Animal Health Associates, URL : https://aha.vet/how-old-is-my-dog-or-cat/

85 마티 올슨 래니. (2006). 내성적인 사람이 성공한다(p. 256). 서돌

86 Robert Booth. (2017.10.22.). Master of mindfulness, Jon Kabat-Zinn : 'People are losing their minds. That is what we need to wake up to'. The Guardian. URL : https://www.theguardian.com/lifeandstyle/2017/oct/22/mindfulness-jon-kabat-zinn-depression-trump-grenfell

87 U Janakabhivamsa. (1992). vipassanā meditation: Lectures on insight meditation. Yangon:Chanmay Yeiktha Meditation Center, pp. 52-65

88 장문선. (2014 재인용). 심리학용어사전-마음챙김(네이버 지식백과). URL : https://terms.naver.com/entry.nhn?docId=2070250&cid=41991&categoryId=41991

89 정민. (2019.06.17.). 명상가이드 | 생각은 내가 아니다. 감정은 내가 아니다., 유튜브 채널 마인드풀tv. URL : https://youtu.be/Nv7P5Hq-1GA

90 김남영 한국경제 기자. (2020.10.23.). "명상은 과학이죠…숨 쉬듯 하루 10분 명상, 사람을 바꿉니다.". 한국경제신문. URL : https://www.hankyung.com/life/article/2020102287671

91 잭 콘필드. (2020). 마음이 아플 땐 불교심리학(p. 190). 불광출판사

92 권은경, 전여울. (2020.11.03.). "명상 앱부터 유튜브 채널까지 현대인을 위한 명상법". 더블유 코리아(W Korea). URL : http://www.wkorea.com/2020/11/03/정신과-명상-vol-2

93 이시하라 가즈코. (2020). 외롭지 않다는 거짓말(p. 32). 홍익출판사

94 이시하라 가즈코. (2020). 외롭지 않다는 거짓말(p. 198). 홍익출판사

95 Dr. Kristin Neff. (2020). SELF-COMPASSION, The three elements of self-compassion & What self-compassion is not. URL : https://self-compassion.org

96 Dr. Kristin Neff. (2020). SELF-COMPASSION, Self-Compassion Guided Meditations and Exercises. URL : https://self-compassion.org

97 Havard Health Publishing, (n,d). "Giving thanks can make you happier", Harvard Medical School, URL : https://www.health.harvard.edu/healthbeat/giving-thanks-can-make-you-happier

98 펫찌. (2015.08.06. 재인용). 만약 동물이 말을 할 수 있다면 개는 서투르게 무슨 말이든 할 것이다-마크 트웨인, Petzzi, URL : https://blog.naver.com/petzzi/220442639352

99 Kayla Mueller. (2020.06.19.). 6 Reasons Introverts and Pets Are Perfect for Each Other. INTROVERT, DEAR. URL : https://introvertdear.com/news/introverts-pets-perfect/

100 Samuel D. Gosling, Carson J. Sandy and Jeff Potter. (2010). Personalities of Self-Identified "Dog People"and "Cat People", VOLUME 23, ISSUE 3 pp. 213-222, Anthrozoos A Multidisciplinary Journal of The Interactions of People&Animals

101 Stanley Coren PhD. DSc, FRSC. (2010.02.17.). Personality Differences Between Dog and Cat Owners, URL : https://www.psychologytoday.com/us/blog/canine-corner/201002/personality-differences-between-dog-and-cat-owners

102 심영구 SBS 기자, (2020.11.02.). [마침] 2020 유기동물을 부탁해!. SBS 뉴스. URL : https://news.sbs.co.kr/news/endPage.do?news_id=N1006050736&plink=ORI&cooper=NAVER&plink=COPYPASTE&cooper=SBSNEWSEND

103 지승호 작가. (2019.07.27.). [지승호의 경청] '냐옹신' 수의사 나응식 "고양이 전성시대, 준비 안 된 집사들"①. 뉴시스. URL : https://newsis.com/view/?id=NISX20190727_0000724152

104 Jennifer Geddes. (2018.04.19.). 6 Cozy Home Decor Ideas That Are Perfect for an Introvert. realtor.com. URL : https://www.realtor.com/advice/home-improvement/introvert-home-decor-ideas

105 도리스 메르틴. (2016). 혼자가 편한 사람들(p. 132). 비전코리아

106 김은혜 기자. (2017.02.01.). LESS IS MORE : INTERIOR, 우먼센스 2017년 2월호). URL : http://naver.me/GDTkVK65

107 곤도 마리에. (2016). 설레지 않으면 버려라. 더난출판사

108 홍유미 기자. (2010). 장미꽃 향기만 맡아도 집중력 생기고 기억력 좋아진다. 헬스조선. URL : http://health.chosun.com/site/data/html_dir/2010/03/09/2010030901298.html

109 5 FLOWERS THAT ARE SAFE FOR CATS. (n.d.). The Catnip Times, Inc. URL : https://www.thecatniptimes.com/learn/5-flowers-that-are-safe-for-cats

110 Music and health. (2011.07). Harvard Medical School. URL : https://www.health.harvard.edu/staying-healthy/music-and-health

111 신학수, 이복영, 백승용, 구자옥, 김창호, 김용완, 김승국. (2008.05.27.). 상위 5%로 가는 지구과학교실2. 스콜라(위즈덤하우스)

112 고양태 기자. (2019.08.16.). SNS 가장 많이 사용하는 국가는?…한국 하루 1시간 20분. KBS 뉴스. URL : http://news.kbs.co.kr/news/view.do?ncd=4263581&ref=A

113 컨텐츠 마케팅의 중심, 마이크로 인플루언서!. (2019.01.11.). 공팔리터. URL : https://blog.naver.com/08l_korea/221439829614

114 Trevor Haynes, (2018.05.01.). Dopamine, Smartphones & You: A battle for your time, The Graduate School of Art and Sciences of Harvard

University. URL : http://sitn.hms.harvard.edu/flash/2018/dopamine-smartphones-battle-time/

115 Vera J. Sauer, Sabrina C. Eimler, Sanaz Maafi, Michael Pietrek, Nicole C. Krämer. (2015.01.13.). The phantom in my pocket: Determinants of phantom phone sensations. SAGE journals, URL : https://journals.sagepub.com/doi/10.1177/2050157914562656

116 Adrian F. Ward, Kristen Duke, Ayelet Gneezy, and Maarten W. Bos. (2017.04.02.). Brain Drain: The Mere Presence of One's Own Smartphone Reduces Available Cognitive Capacity. Journal of the Association for Consumer Research Volume 2, Number 2 April 2017 The Consumer in a Connected World, 2017.4.3. URL : https://doi.org/10.1086/691462

117 Trevor Haynes. (2018.05.01.). Dopamine, Smartphones&You: A battle for your time, The Graduate School of Art and Sciences of Harvard University. URL : http://sitn.hms.harvard.edu/flash/2018/dopamine-smartphones-battle-time/

118 Allana Akhtar and Marguerite Ward. (2020.5.16.). Bill Gates and Steve Jobs raised their kids with limited tech—and it should have been a red flag about our own smartphone use. CME Group. URL : https://www.businessinsider.com/screen-time-limits-bill-gates-steve-jobs-red-flag-2017-10

119 정용찬. (2019.07.30). '호모 스마트포니쿠스', 세대별 진화 속도(pp. 01-10), KISDI STAT Report 19-14 URL : https://www.kisdi.re.kr/kisdi/fp/kr/publication/selectResearch.do?cmd=fpSelectResearch&sMenuType=2&controlNo=14594&langdiv=1

120 Allana Akhtar. (2019.04.26.). The World Health Organization just released screen-time guidelines for kids. Here's how some of the world's most successful CEOs limit it at home. BUSINIESS INSIDER. URL : https://www.businessinsider.com/how-silicon-valley-ceos-

limit-screen-time-at-home-2019-4

121 모든 자극을 차단한다? 실리콘밸리의 '도파민 단식'. (2019.12.09.). 과학덕후 YTNscience. URL : http://naver.me/FlYQ0GpJ

122 이성규 객원기자. (2019.11.18.). 실리콘밸리의 '도파민 단식' 열풍. The Science Times. URL : https://www.sciencetimes.co.kr/news/실리콘밸리의-도파민-단식-열풍/

123 선정민 기자. (2020.10.26.). 밤낮없이 '삑삑~' 코로나 재난문자 내년부터 줄어든다. 조선일보. URL : https://www.chosun.com/politics/politics_general/2020/10/26/LZXTXP2DRBGAHJWKRAXWBU46CQ

정어리(심정우)

1986년생. 12월 마지막 밤 강남 성모병원에서 태어났다. 중 · 고등학교 시절 교실 뒤에서 시끄럽게 노는 애들보다는 어중간한 자리에서 만화나 소설을 보는 조용한 아이들과 성격이 맞았다. 말수가 적고 낯가리고 예민하고 생각이 많고 혼자 있기를 좋아하는 'natural-born(천부적인)' 내향인.
유난히도 조별 과제와 PT가 많았던 대학 생활이 위기였으나 그럭저럭 졸업했다. 단체 면접에서 인생을 건 외향인 메소드 연기를 펼쳤고, 면접관을 현혹하는 데에 극적으로 성공했다. 일종의 '취업 사기'임에도 다행히 반품 기한이 지나 벌써 8년째 준정부기관인 국민체육진흥공단에서 3년차 홍보팀 직원으로 일하고 있다.
신입 사원 시절, 내향성이 얼마나 멋진지 모른 채 수년간 정체성의 혼란과 심신의 고통을 겪었다. 지금은 자신만의 생존 노하우를 터득하여 점심시간마다 조용히 에코백에 책과 필기구, 이어폰을 챙겨서 어깨에 둘러메고 어디론가 사라진다.
필명인 정어리는 회사 동기가 붙여준 별명이다. 사람들로부터 자신을 방어하며 도망 다니는 모습이 작고 연약한 물고기를 닮았다고 한다.
어울리지 않게 다양한 SNS에서 자신을 드러내는 내성적인 마케터이자, 새로운 경험을 하고자 여러 모임에 참석하길 좋아하면서도 늘 집에 가고 싶어 하는 외향적인 내향인이다.

- 인스타그램 : instagram.com/sardine.jw/
- 브런치 : brunch.co.kr/@sardine
- 트위터 : twitter.com/sardine_jw
- 카카오 채널 : @내성적인 마케터 정어리(pf.kakao.com/_Tnxavs)
- 이메일 : sardine.jw@gmail.com

같이 있고 싶다가도 혼자 있고 싶어

인간관계 때문에 손해 보는 당신을 위한 사회생활 수업

1판 1쇄 인쇄 | 2021년 10월 3일
1판 1쇄 발행 | 2021년 10월 9일

지은이 | 정어리(심정우)
발행인 | 김태웅
기획편집 | 박지호, 김슬기
외부기획 | 민혜진
디자인 | design PIN
마케팅 총괄 | 나재승
마케팅 | 서재욱, 김귀찬, 오승수, 조경현, 김성준
온라인 마케팅 | 김철영, 임은희, 장혜선, 김지식
인터넷 관리 | 김상규
제 작 | 현대순
총 무 | 안서현, 최여진, 강아담, 김소명
관 리 | 김훈희, 이국희, 김승훈, 최국호

발행처 | (주)동양북스
등 록 | 제2014-000055호
주 소 | 서울시 마포구 동교로22길 14 (04030)
구입 문의 | 전화 (02)337-1737 팩스 (02)334-6624
내용 문의 | 전화 (02)337-1739 이메일 dymg98@naver.com

ISBN 979-11-5768-741-1 03190